【中华历史文化名楼】

温州

望海楼

邱国鹰 编著

文物出版社

U0102248

图书在版编目（CIP）数据

温州望海楼 / 邱国鹰编著. —北京：文物出版社，
2017.10 （2018.12重印）
（中华历史文化名楼）

ISBN 978-7-5010-5178-6

Ⅰ.①温…　Ⅱ.①邱…　Ⅲ.①楼阁—名胜古迹—介绍—
温州　Ⅳ.①K928.74

中国版本图书馆CIP数据核字（2017）第171451号

中华历史文化名楼

温州望海楼

编　　著：邱国鹰
题　　签：启　功
责任编辑：李　睿　张冬妮
封面设计：程星涛
责任印制：梁秋卉

出版发行：文物出版社
社　　址：北京市东直门内北小街2号楼
邮　　编：100007
网　　址：http://www.wenwu.com
邮　　箱：web@wenwu.com
经　　销：新华书店
印　　刷：文物出版社印刷厂
开　　本：787×1092　1/16
印　　张：12.25
版　　次：2017年10月第1版
印　　次：2018年12月第2次印刷
书　　号：ISBN 978-7-5010-5178-6
定　　价：75.00元

目　录

　　"气吞吴越三千里，名贯东南第一楼。"

　　矗立在温州市洞头区烟墩山顶的温州望海楼，是东南沿海一带海拔最高位、楼形最雄伟、结构最规整、陈列最丰富的观赏性名楼。

　　公元 434 年，南朝刘宋时期"元嘉三大家"之一的颜延之，谪任永嘉郡太守。他在巡视温州沿海时，留恋洞头列岛的秀美景色，在青岙山建望海楼以观赏海景，迄今已逾 1580 年。

　　2003 年 5 月，洞头县委、县府决定重建望海楼；2007 年 6 月，望海楼主楼竣工并正式对游客开放；至 2011 年底，占地 140 亩的望海楼游览区全部建成；2012 年 11 月，望海楼获准加入中国名楼协会，跻身中国历史文化名楼之列。

　　望海楼，雄视东海，蓝色文明的地标。

　　望海楼，俯观百岛，海洋文化的窗口。

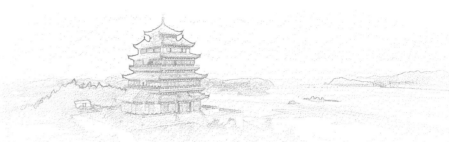

一、百岛明珠耀东海

　　洞头列岛是镶嵌在东海岸的一串璀璨明珠，把温州这座滨海城市装扮得靓丽多姿。

　　洞头列岛由302个岛屿组成，其中有人居住的岛14个，总人口15.3万。洞头在历史上曾先后隶属于永嘉郡、乐成县、玉环厅、温州府。1953年6月建为洞头县，隶属温州地区。2015年7月23日经国务院批准，撤县设区，隶属温州市，是全国14个海岛县（区）之一。

　　站在望海楼上，揽海天胜景，洞头列岛历历在目。

　　洞头列岛的陆地面积虽然只有153.3平方公里，可海域广阔，达2700多平方公里，海岸线长351公里。列岛所在的洞头渔场，总面积4810平方公里，是浙江省内仅次于舟山的第二大渔场，渔业兴旺期，曾汇集广东、福建、浙江、台湾、江苏、上海等省市的数千艘渔船捕捞生产。渔场常年回游的鱼虾多达300余种，滩涂礁岩还盛产多种海贝、海藻，因而一年四

临海悬崖栈道

季渔讯不断，鲜香四溢。

洞头的海岸蜿蜒曲折，海域地貌的发育十分完善，神功天斧，造就了无数的礁、崖、滩、涂，形成了七大景区、400多个景观。被誉为"神州海上第一屏"的半屏山，有"海上睡美人"之称的大竹峙岛，奇石巉岩层叠的仙叠岩，滩阔沙柔的海滨浴场，万鸟展飞的南北爿山屿等景区，都令人流连忘返。洞头属亚热带海洋性季风气候，冬夏少严寒，夏秋无酷热，全岛植被覆盖率高达80%，全年空气优良率天数为95%—98%，是全国首批国家级海洋生态文明建设示范区、国家级生态县。因而独具"岛奇、礁美、滩佳、鱼鲜、生态优"的特色。

大沙岙海滨浴场

　　洞头于1991年被浙江省人民政府批准为以县域冠名的省级风景名胜区，继2009年荣膺国家AAAA级旅游景区之后，又被授予全国海钓基地、中国最佳海岸摄影地、中国摄影十大发烧友风景地、中国十大最美海岛、中国七夕文化之乡、中印海岛（洞头）瑜伽养生基地。成为浙江旅游经济强县、全省旅游综合改革试点县、浙江十大欢乐健康旅游城市、浙江十佳最受欢迎运动休闲地。

　　站在望海楼上，承八面来风，回眸洞头悠远的开发历史。

　　早在三千多年前，洞头列岛就有人类活动。洞头渔场丰饶的海产，吸引了浙江沿海和福建、广东、江苏等地的无数渔民前来，搭棚建寮，捕鱼捞虾。从渔汛结庐，到半定居，再到定居，历经近千年之辛劳。闽南和温州周边县的移民，披荆斩棘、勠力同心，开发了洞头列岛。

　　洞头诸岛的移民曾遭受两次"海禁"而内迁。明洪武二十年（1387年），朝廷"因倭寇扰边"而实行"海禁""徙海中居民，以虚其地"，包括舟山、玉环、洞头等诸多海岛

戚继光雕像

的 11 万 多 户
住民尽数迁至
大陆；清顺治
十八年（1661
年），慑于郑
成功反清复明
的态势，清廷
下令"撤边海
30 里"，东南
沿海岛屿的居

渔轮也是美景

民再次迁往内陆，住所被付之一炬，洞头大部分岛屿再度荒芜。这一禁长
达二十多年，之后虽断断续续有少量移民上岛，但规模不大。直到清雍正
六年（1728 年）玉环厅设立，洞头为其下辖的第二十都，洞头诸岛才得以
成规模开发。

　　洞头洋是温州对外海上交通的必经航道，南下可至泉州、广州；北上
能到宁波、上海；又通连温州内陆的鳌江、飞云江、瓯江，故有"外载海洋，
内资三江"之利，是温州南下北上进入 "海上丝路"大通道的重要驿站。
又因位处海防要塞，"盗得之可以为巢，我得之可以堵守"，历来为兵家所重。
南宋建炎年间，朝廷在浙东南设兵寨 13 处，其中 2 处就建在洞头的青岙（今
大门）、鹿西两岛。明朝戚继光平倭，洞头洋面曾是戚家军与倭寇鏖战的
战场；清初郑成功率军北征，洞头诸岛是其操练兵士、泊舟屯粮的驻地；
元末黄岩人方国珍及侄子方明善揭竿起义，清嘉庆年间福建蔡牵的海上义

军，都曾一度以洞头各岛为根据地，对抗朝廷。

新中国成立后，敌对势力仍盘踞在洞头等东南沿海岛屿，妄图以此为跳板，伺机反扑。从 1949 年 10 月至 1952 年 1 月，中国人民解放军以两次解放、一次保卫战、三次进剿的拉锯战，解放了洞头列岛。无数革命烈士的热血，抛洒在洞头蓝色的海疆。

洞头七百里海岸，演绎八百载风云。厚实的海防文化传统，熔铸了洞头人民刚勇顽强、尚武卫疆的秉性。60 多年来，岛上人民群众与驻岛部队实行军民联防，并肩守卫海疆，涌现出了许多先进集体和英雄人物，其中，洞头先锋女子民兵连便是杰出的代表。历经半个多世纪，先后有 1000 多名渔家姑娘投身这个民兵连，为军民联防、地方建设无私奉献，展现了骄人的巾帼风采，铸就了"爱岛尚武，励志奉献"的海霞精神，成为我国国防后备力量战线基层建设的一面旗帜。先锋女子民兵连的事迹被写入《中国共产党党史》第二卷；长篇小说《海岛女民兵》、电影《海霞》便是以这个连队的成长为原型创作的文艺作品，影响广泛。展示女子民兵连风采的"洞头先锋女子民兵连纪念馆"，是国家级国防教育基地，全国爱国主

飒爽英姿女民兵

义教育示范基地，被列为全国红色旅游经典景区。

站在望海楼上，沐改革开放之阳光，感受洞头翻天覆地的巨变。

东海油气田上岸地

改革开放以来，洞头从海洋、海岛的实际出发，聚精会神搞建设，一心一意谋发展，致力于以海洋渔业、海洋旅游、临海型工业、海洋运输、港口物流等为重点的海洋经济的发展，经济、社会、文化都有了长足的进步。尤为值得称道的是，全县人民发扬"小县办大事，小岛创大业"的自力更生精神，突破发展瓶颈，重新安排山河，从1996年12月至2005年4月，聚全民之力，

陆岛相连

毕 10 年之功，以"五岛连桥""拦海长堤"的宏伟壮举，实现与温州的陆海相连，变海岛为半岛，融入了温州发展的大都市圈，使洞头成为温州城市东扩、从瓯江时代迈向东海时代的前沿城市。

2003 年 5 月，时任浙江省委书记的习近平视察洞头，对洞头的陆海相连工程给予充分肯定，提出了"把洞头建设成为海上花园"的殷切期望。

习总书记为洞头百岛描绘的美丽蓝图，极大地激发了海岛群众建设家园的热情。经过十多年的努力，洞头的发展再上新台阶，截至 2016 年，洞头已获批国家海洋公园，荣膺国家生态县、国家卫生县城、全国双拥模范县、全国平安建设先进县、省文明县城、省级"平安金鼎"县（连续 12 年的省级平安县）、省级生态县、省森林城市、省级食品安全示范县等荣誉称号。

如今，顺应洞头撤县设区的新形势、新机遇，区委、区府进一步彰显海洋、海岛、海湾、海鲜、海霞的地域优势，制定新一轮的发展规划，实施"生态立区、旅游兴区、海洋强区"战略，决心把百岛洞头建设成为"城在海中，村在花中，岛在景中，人在画中"的海上花园。

望海楼见证了洞头历史的发展。百岛洞头，这串东海岸的璀璨明珠，在习总书记中国梦的伟大实践中，必将更加熠熠生辉！

海钓高手云集

二、风华太守留遗制

　　荟集唐代诗歌大成的《全唐诗》，收入诗人、温州刺史张又新所写的17首诗作，其中，有他游览洞头诸岛寻访望海楼未遇的《青岙山》：

　　　　灵海泓澄匝翠峰，昔贤心赏已成空。

　　　　今朝亭馆无遗制，积水沧浪一望中。

　　张又新是在唐宝历年间（825—826年）任温州刺史的。他兴致勃勃泛舟揽胜，前来找寻"昔贤"当年留下的"遗制"。可惜将近400年过去，星移斗转，人去物非，眼前看到的，只是青翠的山峰，无边的海浪！诗人笔墨淋漓，抒发了无尽的惆怅。却在不经意间，让洞头的翠峰沧浪，在《全唐诗》占据了一席之地。

　　清代诗人戴文俊，浙江嘉善人，宦游温州二十余载，熟稔温州的文化历史、民情风俗，留有描写温州风情的《瓯江竹枝词》97首。在历记温州奇风异俗、名山胜水时，没有忘记洞头。他在感怀望海楼时吟道：

天风振袂上危亭，蜃市初消海气清。

日暮云中君不至，高歌独有老龙听。

作者想象自己在习习海风中登上望海楼的亭台，只见雾气刚刚消散，美丽的海市蜃楼不见了，空气十分清新。作者流连忘返，直至太阳西下。真怀念建楼的太守啊，可惜"君"不能前来。对着大海高声吟诵，也只能给老龙王听了！

两首诗中所怀念的"昔贤"和"君"，便是望海楼的首建者、公元434年任温州太守的颜延之。

颜延之其人

颜延之（384—456年），字延年，琅琊临沂人。南朝刘宋时的大文学家，诗与谢灵运齐名，世称"颜谢"；他两人加上鲍照，合称"元嘉三大家"，在当时的文坛，是响当当的人物。

颜延之的祖上至父亲一辈，都当过官。其先祖颜盛先后任过青州、徐州太守，被封为关内侯；曾祖父颜含任过大司农，封西平县侯；祖父和父亲分别当过零陵太守和护军司马。到了他这一代，因父亲早逝，家境已沦为贫寒。《宋书·颜延之传》有这样的记载："延之少孤贫，居负郭，室巷甚陋。……年三十，犹未婚。"这就是说，年轻时的颜延之，家里很穷，居住在偏僻的小巷，房屋很简陋；由于家里太穷，到了30岁还未成亲。

不过，颜延之人穷志不穷。《宋书·颜延之传》载：延之"好读书，无所不览，文章之美，冠绝当时。"还把他与谢灵运作比较："延之与陈郡谢灵运俱以词采齐名，自潘岳、陆机之后，文士莫及也，江左称颜、谢焉。"

颜延之因文章出众，从 31 岁开始进入仕途，先是任太子舍人、太子中庶子，也就是侍从太子，兼管秘书一类的事务。以后任过秘书监、光禄勋、国子祭酒，主管国学及国家图书馆、档案馆。70 岁后任光禄大夫、金紫光禄大夫，属顾问应对之职，73 岁去世。

纵观颜延之一生，虽然官至二三品，但基本上是不参与政务、没有实权的文官。但他不附权贵、敢讲真话。《宋书》载：延之对当朝权贵"专当要任，意有不平""辞甚激扬，每犯权要"。他为人坦荡、清廉俭朴。《宋书》"本传"称他"居身清约，不营财利，布衣蔬食，独酌郊野"。他的大儿子身居要职，给他送一些礼品、生活用品，"延之一无所受，器服不改，宅宇如旧，常乘羸牛笨车"。还教训儿子："善为之，无令后人笑你拙也。"由此可见，颜延之是一个正直的儒者。

更为难得的是，他曾先后 4 次被贬，即使如此，仍矢志不移，秉性不改。他在被远贬当时还很荒凉的永嘉（即温州）时，大笔一挥，写下《拜永嘉太守辞东宫表》："抗志绝操，茝陆谢蒭。代食宾士，何独匪民①。"发出"高尚德行和情操的人不被理解，不被当人看待，聚敛之臣反倒居官食禄"的愤慨抗议。

颜延之的诗文，冠绝一时，是开一代典雅诗风的代表人物，其文学成就，在文学史上是有地位的。在他之前，从东晋末年至南朝刘宋中期，平庸诗风弥漫诗坛百余年，是以颜延之为领军人物的"刘宋诗风"，才得以扭转，这也为我国近体诗的形成奠定了基础。《宋书·谢灵运传》载："爰逮宋氏，颜、谢腾声。灵运之兴会标举，延年之体裁明密，并方轨前秀，垂范后昆。"足见颜延之在当时文坛的地位。

---

①《艺文类聚》卷五十；转引自《颜延之诗文选注》黄山书社 2012 年 10 月版。

颜延之在当时有文集 30 卷。刘宋一代半个多世纪中，有这么多数量文稿的作者，并不多见。

颜延之对山水旅游开发的贡献

也许是较长时间过着贫穷生活接近底层平民的缘故，也许是文人清高傲骨本色的原因，颜延之尽管当了官，但恃才傲物、刚直不阿的品性未改。他看不惯朝廷权贵的作为，敢讲真话，敢于直谏。这一来就触犯了专权的重臣，多次受到排挤打击。他入朝为官 42 年，先后 4 次被贬。

不过，正是由于被贬，他才有了为贬任地开拓山水旅游的机遇，为不少地域的旅游开发做出了特殊贡献。他第一个开发了桂林山水，第一个写下了咏赞岳阳楼的诗歌，第一个在东海畔海岛上修建楼亭。可以毫不夸张地说，颜延之不仅是一代诗风的领军人物，还是我国山水旅游的拓荒者之一。

第一个开发桂林旅游

颜延之第一次被贬是公元 423 年，外放为始安太守。

颜延之之所以被贬，主要原因是受专政权臣的报复。颜延之与谢灵运曾多次怒斥专权大臣，刘宋朝廷帝王更迭，这些与颜延之、谢灵运积怨甚深的人，受到新帝王的重用，于是趁机报复。谢灵运被贬永嘉，颜延之被贬始安。

始安就是现在的桂林。1500 多年前的始安，地处偏僻，经济落后。颜延之到任后，贷粮贷种，奖励农耕；减免赋税，纾解民困；兴学促教，传播文明，做了许多有益平民的实事，促进了桂林的经济发展。而更值得称

道的是他对桂林山水旅游的贡献。

桂林太守府的不远处，是一座风景秀美的独立山峰，陡峭高峻，气势雄伟。颜延之常在公务

桂林"颜公读书岩"

之余，到山间读书、散步。《太平御览》引唐莫休符《桂林风土记》载："独秀山……宋光禄卿颜延年牧此郡，常于北石室中读书，遗迹犹存。"

《桂林风土记》所述及的石室，是位于独秀山东麓的一个山洞，岩洞不大，冬暖夏凉，里面有天然生成的石凳、石床，稍加整理，便成了天然书室。颜延之常在公务之余，在洞内读书、写作。后来，人们把这个洞叫做"颜公读书岩"。

颜延之在桂林三年。时日一久，他对这座美丽的山峰心生喜爱，写下了"未若独秀者，峨峨郛邑间"的诗句，以传神之笔，把这山的风姿形象地吟哦出来。这是见于记载的最早描写桂林的诗，也因为此，山峰得名独秀峰，"嘉名之得，盖肇于此"。从此声名鹊起，盛传于世。自颜延之以后，描写独秀峰的诗篇很多，却极少有超过他的。

"颜公读书岩"一直保存完整，到了宋代，又在附近建了一座"五咏堂"，将颜延之的诗作《五君咏》刻于堂内。读书岩和五咏堂相互映衬，成了独秀峰著名的景点。游人们游览山洞，吟咏诗篇，赞赏颜延之的勤奋好学、正直为官，更怀念他为开发桂林山水旅游所起到的开拓性贡献。

第一个书写咏赞岳阳楼诗歌

南朝刘宋元嘉三年，即公元 426 年，排挤颜延之的几个权臣被诛杀，颜延之重获任用，被任为中书侍郎。

颜延之在从桂林返回都城建康（今南京）的途中，路过湘州。湘州刺史张劭是他的老朋友，邀他同登巴陵城楼，也即现在的岳阳楼。游览罢，颜延之诗兴大发，挥笔写下了《始安郡还都与张湘州登巴陵城楼作》，成了中国诗歌史上第一首咏赞岳阳楼的诗。

颜延之的"登巴陵城楼作"，全诗如下：

> 江汉分楚望，衡巫奠南服。
>
> 三湘沦洞庭，七泽蔼荆牧。
>
> 经途沿旧轨，登闉访川陆。
>
> 水国周地险，河山信重复。
>
> 却倚云梦林，前瞻京台囿。
>
> 清氛霁岳阳，曾晖薄澜澳。
>
> 凄矣自远风，伤哉千里目。
>
> 万古陈往还，百代劳起伏。
>
> 存没竟何人，炯介在明淑。
>
> 请从上世人，归来艺桑竹。

诗的头四句为第一层次，起笔不凡：作者登高远望，把这个楼所处的地理位置、辽阔背景、磅礴气势一一道来。诗句简洁，却把远水近山层次分明叙述得清清楚楚。

继而作者视线一收，由远而近，以紧接的第二层次八句，描写了城楼的具体环境。城楼四周，绿水环绕，地势高峻，林茂圃绿。然后以"清氛雾岳阳，曾晖薄澜澳"作为这一层次的承上启下句，从所见过渡到所思。

最后八句作为第三层次，完全抒发了作者的所思所感：观眼前景致，想平生遭遇，吐胸中块垒。其感慨、其企愿，在结尾表现得淋漓尽致：世事莫测，人生无常，但一定要保"炯介"之节、存"明淑"之性；愿归隐山林，种桑栽竹，惬意地过那种纯朴自然的生活。

颜延之这首咏楼诗，着眼远大，气势雄浑，寄情高逸，既显现了他的才情，也展示了他的心境，确实是一首好诗。而对于巴陵城楼来说，它自

古楼梦幻

东汉建安十九年（214年）建楼，历经两晋至南北朝两百多年，一直默默无闻。是颜延之的吟咏，把她引进了诗歌王国，为其文化底蕴的累积奠定了第一块基石，对后世影响极大。巴陵城楼直到唐朝时才改称岳阳楼，而颜延之却早在改名的200余年前，就极有远见地在咏诗中写下了"清氛霁岳阳"的诗句，这不能不说是岳阳楼的荣幸。

现在游览岳阳楼，参观她的历史沿革展览馆，颜延之的画像和他的《始安郡还都与张湘州登巴陵城楼作》诗，赫然在目，见出岳阳人对他的敬重。历朝历代，为岳阳楼吟诗作赋的，何止百千，其中不乏李白、杜甫这样的名家，而颜延之，从写作时间上说，却稳稳当当地坐在"第一"的位置，无人堪与比肩。

第一个在东海畔海岛上建造楼阁

颜延之从桂林返都，被朝廷任为为中书侍郎，后转太子中庶子，不久领步兵校尉，受到皇帝的赏识。可是，他怀才傲物的秉性没改，对弄权的重臣依然不依不饶。

《宋书·颜延之传》说他"不能斟酌当世，见刘湛、殷景仁专当要任，意有不平，常云：'天下之务，当与天下共之，岂一人之智所能独了？'词甚激昂，每犯权要。"换成现在的话，就是说，颜延之不会圆滑处世，不肯随波逐流，对专权的重臣不满，认为国家的事务，应当和大家共同商量，而不应该由一二个人独断。批评时，措辞尖锐，情绪激烈。这样的人当然为权臣所不容，于是，再一次被贬，"出为永嘉太守"。

刘宋元嘉十一年（434年），颜延之来到温州，重踏好友谢灵运的足

时空之门

望海楼风云

迹，履太守之职。从繁华的都城到偏远荒凉的小郡，尽管极不情愿，他还是挺尽职的。到任不久，就率众乘船出海，巡视温州周边诸岛。当他到了一个名叫青岙山的岛屿时，被这个岛的地形和景色所吸引，驻足停步了。

青岙山就是现在温州市洞头区的大门岛。《名胜志》载："青岙山在海中，两山对峙如门。"（这就是青岙山后来改称大门岛的原因。）山形固然奇特，山上的景色更为迷人，"云满碧山花满谷"啊！（清王步霄诗句）置身于此美景之中，颜延之愤懑、郁闷的心情为之一扫，于是命人在岛上筑楼亭，以便能经常在此观赏海景，后人遂称其为"望海楼"。

楼阁亭台是源远流长的中华文明中建筑文化的精华。中华大地上，楼阁众多，但大多建在平原地带，建在海岛的极少。这不但是由于当时海岛交通不便，建楼所需的用材运输困难；还在于海岛气候特殊，风厉潮咸，腐蚀性强，难以维护。颜延之敢于第一个在海岛建楼亭，很有"敢为天下先"

的气魄。

　　温州望海楼是目前所知我国有史以来最早在海岛修建的观景楼阁。山东的蓬莱阁也建在海岛，但她建造的时间在北宋嘉佑年间，约公元1061年，比望海楼晚了600余年。江苏泰州也有望海楼，是南宋绍定二年（1229年）建的，时间更晚了，况且还望不到海。所以，颜延之又创下了一个"第一"。

　　颜延之在任永嘉郡守期间写了《五君咏》，以竹林七贤中五贤的遭遇，抒发自己的情感。这又一次触犯了权臣，彻底被罢了官。以后，他"屏居里巷，不豫人间者七载"。直到打击他的权臣伏罪被诛，才重获起用。

颜延之建望海楼对洞头旅游发展的意义

　　颜延之在洞头修建望海楼，对于洞头，影响久远，作用重大。

《全唐诗》中《青岙山》诗书影　　　　　　　戴文俊咏望海楼诗书影

首先，对于洞头列岛的开发史，是有力的佐证。

洞头列岛的开发历史，过去由于缺乏文字记载的材料，一直众说纷纭，难下定论。以后在文物考古的基础上，把洞头诸岛有人类活动的时间，断定为3000多年前。而有人定居的时间，有的志书表述为"宋以前为半定居，宋以来才有人定居"；沈克成先生所著的《温州历史年表》，把移民到洞头诸岛定居时间定为东晋，在东晋明帝太宁元年（323年）条下，载明"是年，中界山（属今洞头县）始有移民"。但也有人认为此说缺少史籍记载的确凿依据。

颜延之作为一郡之守，巡视沿海，一般应该会到有人居住的岛屿，体察民情，安抚岛民。如进而考虑在该地建造楼亭，时不时前来观赏，似不应在荒无人烟之处。据此推断，他所到的青岙山，当时应该已有移民。颜延之建望海楼，是在公元434年。《温州历史年表》推断洞头移民定居时间，比之提前了110年，基本是可信的。

其次，对于洞头历史文化的积淀，起了奠基式的作用。

洞头海岛地处偏僻，开发迟缓，经济落后，加之建县较晚，各代历史典籍对洞头的记载，少之又少，因此，历史文化的积淀相对浅薄。可是，因了颜延之的建楼，便随之有了历史典籍的记载，文人骚客的咏诵。

光绪八年（1882年）《永嘉县志》书影

望海楼雪景

　　唐代宝历年间（825—826年），距颜延之建楼近400年，诗人张又新调任温州刺史。他钦羡颜延之的诗名和赏海的雅兴，特地来青岙山寻找望海楼。只可惜400年风雨相摧，楼已不复存。兴叹之余，赋诗《青岙山》以感怀。这首诗后来被收入《全唐诗》中。清光绪八年（1882年）刊行的《光绪永嘉县志》卷二"舆地·叙山"中介绍青岙山时，在其项下说明中，特例举了此诗。

　　直到清代，诗人戴文俊还在《瓯江竹枝词》中专为望海楼写诗，缅怀颜延之。这首诗收在清同治十三年刊行的《东瓯百咏》里。作者戴文俊随宦在温20余年，对温州的文史、民情十分了解。他在诗后所附的注中说："《名胜志》：青岙山在海中，两山对峙如门。南朝宋永明中，郡守颜延之于此筑亭以望海。①"这首诗，不但再一次确证了颜延之在青岙山建望

①南朝刘宋无永明年号。此处当为刘宋元嘉之误。

海楼的史实，而且也为洞头的海岛风光诗篇增添了光彩。

张又新、戴文俊的诗作，是洞头历史文化的珍宝，而这珍宝，缘自于颜延之的建楼。一个偏僻的海岛，能进入我国古代诗歌宝库《全唐诗》之中，我们应当感谢颜延之。

其三，对于洞头的滨海旅游，起了标志性的作用。

洞头县发展滨海旅游，自1987年县委县府提出"水产、加工、外贸、旅游"经济发展战略开始，迄今已有30年。旅游发展初期，游客们在赞美洞头海岛风光宜人、自然生态优良的同时，常有这样的感叹：可惜文化味儿不浓，人文的景观少啊！

望海楼游览区建成后，主楼巍峨壮观，亭台廊阁齐备，诗词联墨争辉。

尤为游客称道的是，主楼内辟为海洋文化展厅，展现了洞头闽南文化与东瓯文化交融的民俗风情，这在全国的观光楼阁中较为罕见。因而望海楼成了洞头旅游的标志性建筑，成了观赏洞头百岛概貌的平台，成为了解洞头海岛民俗的课堂。加上历年来陆续建设、提升、完善的洞头先锋女子民兵连纪念馆、海霞军事主题公园、洞头红色印迹馆等，洞头深厚的海洋文化底蕴，完美地呈现在海内外游客面前。

　　颜延之的仕途，四起四落，其中两次被贬，都去了远离都城的偏远小郡，可他在这些地方都留下了宝贵的旅游资源。颜延之在温州的时间很短，一年不到，却为温州、为洞头做了一件大好事，他把自己的名字，大写在了温州的青山碧水间，也大写在了中国山水旅游的拓荒史上。

望海楼全景

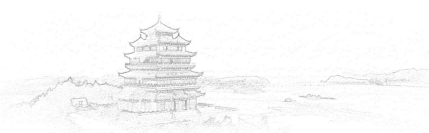

三、楼逢盛世重描画

温州望海楼的重建，从筹备到形成完整的景区，直至加入中国历史文化名楼协会，前后长达十年。

20 世纪九十年代中期，笔者与本区的地方文史爱好者，从唐代温州刺史张又新入选《全唐诗》中的诗，以及《永嘉府志》《乐清县志》等史志典籍的记载中，查阅到南北朝时永嘉太守颜延之在洞头建望海楼的史实，甚为欣喜，先后在县人代会、县政协会议上提出提案、议案，建议重建望海楼，发掘这一难得的人文资源，以进一步加快洞头海洋旅游的发展。

这一建议得到众多有识之士的响应，受到县领导的赏识。不过，当时全县财力还比较窘迫，又逢历史性重大工程——洞头与温州陆岛相连的温州（洞头）半岛工程开工建设，需集中全县有限的资金用在工程建设上，建楼的建议暂被搁置。不过，先后两任县委书记都明确表示："建望海楼，

璀璨夜景

是弘扬历史文化、发展洞头旅游、造福子孙后代的好事，一旦财力能够作出安排，应该上！"

1996年12月，温州（洞头）半岛工程中的五岛连桥工程动工，历时六年半，于2002年5月全部建成。

（一）

2003年伊始，县委、县政府就把望海楼的重建工作提上了议事日程。2003年3月下旬，县十一届人大一次会议闭幕后，县委旋即于4月1日下发文件，成立"望海楼工程建设指挥部"，由县政府分管旅游工作的副县长任总指挥，县风景旅游管理局局长为常务副指挥，规划建设局、国土资源局、建楼所在地北岙镇的主要负责人兼任副指挥，聘请笔者为县政府旅游顾问、望海楼工程建设指挥部顾问。县委书记、县长分别就望海楼工程指挥部的组建和楼的重建工作提出了要求：再三强调，望海楼作为洞头标志性建筑，一定要建好，建成全国最有特色的楼，为洞头人民立一个能留存百年、几百年的好建筑。设计一定要高起点，向全国公开招标。在具体操作时要慎重，要多方论证，采取一次规划、分步实施的办法，稳妥进行。要把选址地涉及的多种关系如电信、移动、联通、广电的发射塔，部队的营房等处理好。

颜延之于公元434年建楼，到2003年计划重建，已时隔1500多年，历史烟云浩瀚，望海楼的旧址荡然无存，旧楼的建制也无从查考，因而对重建楼址的选择，县委、县府尤为慎重。借鉴外地重要景观易地重建的经验，经多方征求意见，反复论证比较，几次现场踏勘，最后把楼址选在洞头本岛的东郊烟墩山顶。在温州洞头陆岛相连之前，烟墩山是洞头本岛的最高点，海拔227米；山顶四周无遮挡物，视野开阔；登山环顾，洞头大多数岛屿历历在目，蓝天碧海令人心旷神怡。20世纪八十年代以来，省市领导到洞头视察指导工作，县委县政府领导常常陪同他们在这里浏览诸岛。

建楼前的山顶有多座发射塔

由于烟墩山山势高，县里的电信、移动、广电、联通等单位，都选择在此地建设信号塔站，以保证通讯信号的清晰、畅通。另外，山上还有20世纪五十年代初期驻军连队遗留的一些房产。所有涉及的单位，在得知要建设望海楼、参加了相关的协调会之后，都顾全大局，在确定新的迁移地址、完成资产评估及赔付后，分别陆续迁移。建楼所在地的几个村，也都积极配合做好土地征用工作，干部带队，村民参加，现场踏勘、分户核对，按照政策规定作了赔偿。

　　部队房产的协调涉及到的事项较多。县人武部热心支持望海楼工程，为部队房产的妥善处理做了大量工作。县人武部部长亲自带领军事科干部，与望海楼工程建设指挥部人员一起到烟墩山，现场核对涉及部队产权的营房、土地、坑道等。多次联系部队房地产管理局温州办事处的负责人，陪同他们现场核对，召开协调会，取得了支持。以后，县领导三次率队到部队现驻地，与部队领导人磋商房产处置方案；部队也多次派员来县洽谈。从2003年5月12日第一次营房现场踏勘，到2005年6月11日确定"以地易地"的方法解决，前后长达两年。

　　由于各方面的理解、支持，望海楼建设的用地需要得到了圆满的解决。

　　洞头地处海岛，常年受风潮咸湿气候的影响，客观条件要求楼阁的质量须极高。同时，望海楼又是洞头由县财政全额拨款建设的第一个大型仿古式建筑工程，投资的额度高，人们的期望高。而工程指挥部却是专职人手少、专业人员少，实践经验少。面对着这"三高三少"，为了能建设一个让人民群众满意、能传之于后世的名楼，工程指挥部的领导和工作人员既敢于担当，又慎之又慎。组织外出考察学习，请教园林、古建专家，掌握国内古建相关信息，做足基本"功课"。之后，邀请了国内多家知名古建筑设计院登烟墩山，现场踏勘，提供策划方案。继而聘请了上海交通大学、武汉理工大学、中国美术学院、浙江省旅游设计院、省市规划设计院的教授、专家组成评审组，对所邀请单位提供的 5 个策划方案进行了评审。

专家评审会之后，指挥部先后分门别类，召开了县人大代表、政协委员、文史爱好者、规划建筑行家，建楼所在村镇领导及村民代表座谈会，多方面听取意见；又把 5 个方案公开悬挂在人流最多的中心街口，向群众分发"征求意见书"，对策划方案进行投票。之后，借县四套班子会议之机，向到会领导展示了所有的策划方案，分别介绍了各个方案的策划理念，再请领导们无记名投票。经过多渠道、多层次、反反复复的评审、征询，江西省建筑设计总院提供的策划方案，获得多数专家和绝大多数领导、群众的认可。

江西省建筑设计总院策划方案的设计者陈星文先生，1953 年考入清华大学建筑系建筑专业，师从梁思成。毕业后历任江西省建筑设计院建筑师、南昌市旅游局滕王阁管理处总工（正县级），是国家首批一

陈星文在望海楼落成典礼上

级注册建筑师。他主持设计了全国和江西省多项重大古建筑项目，1985年任滕王阁第29次重建工程总建筑设计师，该工程获中国建筑最高奖——鲁班奖以及科技明星奖、全国优秀设计铜牌奖。为洞头望海楼策划设计时，陈老先生已年届72岁。他不顾年事已高，随设计总院的领导来到洞头，攀上烟墩山，实地踏勘地形，详细询问地质、气候尤其是台风等的相关情况。他事后告诉说，望海楼是他从事建筑设计40多年实践经验的结晶，也是他的封山之作。

策划方案选定之后，从2004年1月7日至6月16日，近半年时间，江西省建筑设计总院调集精兵强将，先后进入了工程的规划方案、总平、扩初和施工图的设计。望海楼工程建设指挥部牢牢把握每一节点的评议审核，不同的阶段邀请不同专业的专家进行严格的评审，对他们的正确意见认真研究，予以采纳。当时有关领导提议，在山顶建楼的同时，选择适当位置建一个吉祥塔，楼塔相峙，更有气势。专家们考察现场后建议：鉴于烟墩山顶平地面积有限，不宜楼塔并建，吉祥塔可另选另外的山头，遥相呼应，效果会更好，这一意见马上得到采纳。专家们还先后协助破解了许多难题：一是基础处理。考虑到海岛特殊的地质和气候条件，在海拔227米的山顶建30多米的高楼，地勘工作首先要做好，桩基的配置，既要精确科学，更要坚持高标准。二是坚守古建筑传统，彰显古楼特色，楼内不设电梯。三是山门位置。利用原有公路，把主入口设在西南向，并没有与主楼的正门对直。这样既有曲折迂回之美，又节省资金，节约了土地。四是主楼与楼前广场的衔接。主楼前面需辟大型广场，但山坡斜度较大，无论是把低处垫高，还是从高处下挖，都很难衔接，而且工程量大，耗时又费钱。陈星文先生和专家们提出三级降坡处理法，使得主楼与广场有层次感，广场留有台面，今后举办大型活动，连舞台都不用搭。这样一来，大大减少了广场填埋土石方的数量，节省了投资。

指挥部十分重视与设计单位的沟通，先后两次派员前往江西南昌，就设计方面的难点、细节，与江西省建筑设计总院的领导和设计组面对面交换意见。为了取得更为直观的视觉效果，还按照设计方案，在南昌制作了望海楼主楼的等比缩微模型，运到洞头供评审参考。经过 10 个月的努力，江西省建筑设计总院的设计方案终获批复。

2004 年 12 月 3 日，望海楼工程建设指挥部在《浙江日报》刊登望海楼工程招标公告，并同时向全国具备古建筑施工一级资质的 10 余家企业发送招标书电子件。12 月 22 日，县工程招投标办公室对有效报名的 10 家企业进行预审，评出其中的 7 家，于次年 1 月 17 日参加投标，温岭古建公司中标；监理公司的投标，由杭州文华监理公司竞得。

经过长达两年的精心准备，2005 年 1 月 27 日上午 9 时 15 分，望海楼工程正式动工。县四套班子、温州市旅游局等领导为主楼奠基；县属各单位负责人、部分机关干部及北岙镇部分村民共 200 余人，在蒙蒙细雨中见证了这一历史性时刻。

（二）

望海楼工程按县委、县政府领导的意见，一次规划，分期施工；边施工、边开放。至 2012 年底，投入 8200 多万元。

主楼和山门作为第一期工程，从 2005 年 1 月 27 日动工，到 2007 年 6 月完成，随之正式对游客开放。颜延之雕像、诗词碑廊、泓澄亭、心赏亭、

齐心协力

同辉亭及清风茶室等为第二期，从 2008 年 8 月动工，到 2009 年 6 月完成。海洋动物故事园、游客服务中心、旅游商品店等为第三期，从 2010 年 3 月动工，当年 11 月完成。2011 年 12 月到 2012 年 6 月，又进行了主楼内海洋文化展厅的提升工程。

望海楼建设的 10 年中，先后历经 4 任县委书记、3 任县长；分管旅游的副县长换了 3 任；旅游局主要领导换了 5 任。但作为全县的重点工程之一，领导换了，规划不换；人员变了，工程不变。所有领导都一以贯之地把这个工程摆在重要位置上，在思想、舆论、财力、人手诸方面予以鼎力支持，为工程建设开绿灯，在工地现场解决难题，在前任工作的基础上锦上添花，为望海楼建设添砖加瓦。

县各相关部门给予了大力支持。发展与改革局、规划建设局、国土资源局、财政局、重点办、招投标办、质量监督站、审计局、北岙镇政府以及消防、电力、气象等部门，在与工程相关的工作中，一路绿灯，设身处地为工程着想，提出既符合规定又切合实际的解决方案，使工程得以顺利进行。

工程建设指挥部人员更是尽心尽职，意识到自己责任重大。认识到：望海楼工程不仅要向当代洞头人民负责，还要经得起子孙后代的

主楼修建时

检验；不仅要得到洞头当地人的肯定，还要让来自海内外的游客满意。因此，更是尽心尽职，把工程质量视为生命，不敢有丝毫懈怠、马虎。在施工期间坚持现场监督，坚持工地例会，既保证施工进度，更注重工程质量。

主楼施工的基础是关键环节。根据地勘情况，基础桩孔挖掘的深度应不少于 6 米，且要到中风化层以下 0.5 米，以经得住 16 级台风；而基础桩孔数量又多，主楼 84 个，广场 56 个，共 140 个。为确保桩基质量，指挥部召集设计、施工、监理、地勘、县重点办、县质检站七方参加的工地现场会议，就望海楼主楼基础开挖问题作了专题会商，对人工桩基所满足的条件、静载试验孔的质量要求等取得一致意见。第一批 11 个人工桩基挖成后，指挥部、地勘单位、县质检站联合随机抽查了其中的 5 个，均为合格。质量有了标杆，验收也就有了标准。验收 140 个桩基，工作量相当大；最深的桩孔下挖达到 15 米，验收时同样要下到桩孔底部。指挥部人员和

颜延之雕像安装

监理员不辞辛苦，按照标本桩基的要求，每挖成一个，就下到桩底检查验收一个，不达标的，坚决返工，重新检验，从而确保了基础工程的质量。

在高山上建楼，材料的运输也是一道难题。一些大体量的建材，车辆只能运到山下，然后靠人力扛抬。施工单位努力克服二次运输造成的困难，保质按时完成任务。

主楼施工期间，正是海岛台风季节，从 8 月 4 日至 9 月 10 日，台风"麦莎""泰利""卡努"相继影响洞头。由于指挥部和施工方、监理方的共同努力，注重工程质量，主楼经受了 3 个台风的考验，安然自若。

（三）

文化是楼宇的灵魂，是名楼能够传之百世的精髓所在。望海楼建楼历史已经 1500 多年，不谓不长；但可惜的是毁坍已久，中间断档时间太长，文化底蕴不够深厚。决定重建时，能找到的，除了《全唐诗》收入的张又新《青岙山》诗，清代诗人戴文俊的一首咏望海楼诗，以及几段府志、县志记载，别无其他。

从重建工程开始，指挥部就按照县委、县政府主要领导关于"不仅要有好的外观，更要做足文化"的要求，从楼内到楼外，都在彰显文化、提高品位上下功夫。

高档次征集楼柱楹联。

当望海楼主楼施工初见规模时，指挥部即着手楼柱楹联的征集工作。2006年9月26日，笔者在杭州联系了浙江省楹联研究会，并通过他们与中国楹联学会及《对联》杂志社接上了关系，了解楹联征集的相关事宜，得到了他们的支持。10月20日，县旅游基础设施建设指挥部和县风景旅游管理局联合发出《重修"望海楼"征联启事》，分别在《对联》杂志社、《浙江日报》及温州的几家报纸上刊发。在面上征集的同时，为了确保楹联质量，也使日后的评委对洞头风景名胜区有所了解，特于2006年11月8日至11日，邀请了中国楹联学会、浙江省楹联研究会的副会长、秘书长等8人前来洞头，登上刚刚结顶的望海楼，还考察了洞头其它景区。期间，每人创作了两副楹联，不参加评奖，选择一副镌刻；并共同讨论选定了楼匾"晋唐远韵""海日天风"的命名。

征联活动共收到全国30个省（直辖市、自治区）及德国、马来西亚海外华人等共1074人应征的3191副楹联。中国楹联学会高度重视这项赛事，由会长、副会长、办公室主任共7人组成评委会，采取参赛作品匿名编号、公正评选的形式。经初评、复评、终评，最后投票产生了各个获奖等次，于2007年3月8日公布。两名一等奖分别由四川内江的李军和湖北武汉的黄雍国获得，二等奖、优秀奖也各有所属。进入初评的730副楹

联后来编成了《望海楼征联大赛作品集》一书。

楹联征稿大赛是成功的。镌刻选用的楹联，对望海楼文化品位的提高起了很大的作用。其中，由中国楹联学会副会长叶子彤撰拟楹联的后半对："气吞吴越三千里""名贯东南第一楼"，已成为望海楼的宣传用语；征联一等奖镌刻在山门，由中国书协名誉主席沈鹏书写，为游客所赞叹。征联二等奖中的一副镌刻在五楼南侧回廊："问江畔三楼谁能望海，临洞头百岛我欲骑鲸"，其高超的写作技巧，令人会心领略。

高品位设置诗词碑廊。

在望海楼总规中，有建设"咏史碑廊"的方案，原设想是收集反映洞头历史的古今诗词，刻碑成廊。在正式实施时，指挥部听取了多方面的意见，改为集中展示吟咏望海楼的诗词，与整个景区的文化主旨相符。参考各地碑廊建设的经验，高品位的碑廊需求三高：诗词质量要高，书写水平要高，雕刻工艺要高。

诗词征集工作从2007年8月启动，这时，望海楼主楼已开放，有了可供诗人骚客登临放歌的好场所。当时

诗词碑廊施工

中华诗词学会的领导、专家一行 5 人，在温州的瑞安市考察。我们当即赶赴瑞安，在瑞安市文联主席的帮助下，邀请学会考察组顺道来

心赏亭诗碑安装

洞头采风，并商定联合开展"望海楼海内外诗词大赛"的具体事项。之后，指挥部又邀请了浙江省诗词与楹联学会的负责人和专家来洞头采风。这两次采风，既留下了 30 多首吟咏望海楼和洞头其他景区的诗词佳作，也为后来开展望海楼诗词赛事初评、复评的评委邀请打好了基础。

2007 年 8 月 30 日，县人民政府、中华诗词学会、浙江省诗词与楹联学会联合举办"望海楼海内外诗词大赛"的征稿启事发出，除了在中华诗词学会的会刊《中华诗词》上刊发外，我们还把"启事"翻印了数百份，由中华诗词学会分寄到各省和重点地级市的诗词学会，以期广泛发动。

诗词大赛历时 4 个月，共收到全国 30 个省（直辖市、自治区）及美国华侨共 1415 人的诗词 2507 首。浙江省诗词与楹联学会的常务副会长、副会长及秘书长 7 人应邀前来洞头，担任初评评委。同样以匿名编号的方式，经过初选、合议，挑选出 300 首进入终评。评委们三天三夜连轴转，最后

一夜评议到凌晨两点。一位年纪大点的副会长用放大镜逐首阅看，其认真负责的态度令人感动。

中华诗词学会担负诗词大赛的终评工作。学会组成以常务副会长为主任，副会长、秘书长等8人为委员的终评委员会，先以分别筛选的办法从300首中挑出100首，再以评分的办法压缩到能进入各项奖次的40首，最后反复比较，确定了三等奖至特等奖的名单。当时正逢春节临近，北京天气冷，节前活动多，评委会的老领导老专家几上几下，善始善终完成了终评。

有了好诗词，还得请好的书法家书写。与之前楹联的书写一样，我们坚持高标准：诚求中国书协副主席及理事、省级书协副主席、国家级社团组织负责人、知名文化人士的书法作品，确保诗碑的质量。笔者通过多条渠道及多方努力，得到了中国文联、中国书协、中国作协、中国民协、浙江省书协等社团组织的热情支持，终使诗词碑廊36首诗词的书写全部得到落实。经全国石雕之乡——福建惠安刻碑行家的精心镌刻，圆满完成。诗词碑廊囊括了6个国家级社团负责人、8个省市书法家协会20多位副主席的作品，行草楷隶篆各体皆备，蔚为大观。

高水平提升展厅品位。

如果说，楹联、诗词作品及名家书法，是借外力提高望海楼的文化品位，那么，在主楼内表现洞头发展历史和海洋文化，做的是洞头地域文化的内功，更显重要。

从2006年4月份开始，县旅游基础设施建设指挥部和县风景旅游管理局便按照县委县政府主要领导的要求，着手谋划望海楼主楼各层的设置布局。指挥部以电视告知、座谈会、个别咨询等方式，多方面征集意见。

当时收集到的建议主要有：要以大型壁画或贝雕、瓯塑的形式，反映洞头从最早开发到五岛连桥建成的发展史；要有渔船发展史的介绍；要有洞头海洋民俗的展示；要有海洋生物标本展览；要有小型文艺表演场地，每天定期演出有洞头特色的文艺节目等。

在听取多方意见后，指挥部初拟了展厅设置初步方案。2006年7月11日，指挥部召开方案征询会，邀请了县人大、县政府、县政协领导，相关部门负责人及部分文化界人士，进行有针对性的讨论。大多数与会者认为：望海楼展厅的功能设置，定位要准确，主题要集中，特色要鲜明。要让游客在参观各楼层的过程中，了解洞头的历史发展、民俗风情；在对海岛文化有所感受之后，再登五楼观看洞头全貌。与会者对各个楼层展厅的具体布局设置，提出了不少建设性的意见。

征询会后，指挥部组织人员考察了舟山市岱山县的海洋系列博物馆，（灯塔馆、渔业馆、台风馆、民俗馆等）嘉兴的船文化博物馆，温岭石塘的渔船和渔业生产展览馆，温州"船王"王阿龙的船模展示馆等。结合此前考察的南昌滕王阁、杭州城隍阁的楼内布设，再一次修改了主楼展示厅布展方案：确定一层为洞头历史厅，以10幅浮雕反映洞头发展历史。二层为渔船模型厅，三层为渔乡风情厅，四层为渔业生产厅，五层为机动展览厅。

方案上报县委县政府主要领导时，恰接到省里通知，要求各县都要开设城市规划展示馆，而洞头又暂不具备单独设馆的条件，县规划建设部门建议，把城规馆设在望海楼内。为此，县委书记亲自召集相关部门会议，审议望海楼展厅设置方案。经过反复讨论，同意县规划建设部门的提议，把望海楼一楼调整为规划展示厅，摆放洞头城市建设模型，展示洞头城市发展现状和远景，保留原计划中的两幅浮雕，反映望海楼建设历史，其他展厅的内容不变。

经过两轮的招投标，杭州一家文化发展公司中标。为了能赶在6月份主楼开放前完成布展，公司调集力量，日夜加工，赶在主楼开放前完成了布展。

望海楼对外开放两年后，不少行家和游客对展厅的布展内容、展示手段提出了意见建议。于是，望海楼展厅的提升工作开始酝酿。为了广泛发动，征得金点子，旅游基础设施建设指挥部在网上发布了"望海楼展厅提升方案意见征求函"，并向相关的文化公司发了电子件。杭州、温州多家公司闻讯前来联系，到望海楼实地踏勘，提交了新的布陈初案。2009年底，展厅提升工程概念方案评审会召开，评出了最佳方案。中标方在对方案作了两次修改后，提交了设计方案。2010年5月24日，展厅提升工程初步设计方案征询会召开，县委书记亲自参加，县人大、县政协的领导，相关部门负责人，县内部分文化界人士参加，还按照县领导的要求，特邀温州知名的文博、民俗专家参加。大家各抒己见，为提升工程初步设计方案的进一步完善献计献策，不但对展示内容和形式

望海楼布展提升现场会

渔业专家指导布展　　　　　　　　　　望海楼展厅提升工程获优秀奖

提了不少有独到见解的建议，还对进一步挖掘颜延之文化、全面提高望海楼文化品位提出了建设性意见。设计公司认真吸纳各方意见，再次修改。之后不久，县委常委（扩大）会议听取了修改后的方案并作了讨论，会后，以县委常委会（扩大）会议纪要的形式，汇总了领导们的意见，交由设计公司再做修改。

在此期间，上海世博会成功举办，世博会先进的布陈理念和展示形式，给了大家新的启示，初步设计方案再次做了补充完善。经过专家的再一次评审，于 2011 年 3 月 16 日完成了设计施工图。展厅提升工程从概念性方案评审到施工图完成，历时整整 15 个月。而后，经招投标确定了布展施工单位、监理单位。

布展期间，为了更准确地再现渔业生产、渔村生活的真实场景，专门延请海洋渔业部门的老领导老专家、温州的民俗专家作为现场指导，特聘

望海楼重建开放五周年庆典暨主楼提升工程竣工仪式

民间工艺师雕刻渔船模型；还派专人到各村岙，收集渔村生产、生活老物件。就这样，经过近两年的精雕细琢，望海楼展厅提升工程圆满画上了句号。

　　与原来的布展相比，新展厅的内容进一步得到充实，展品大为丰富，地域特色更加鲜明，洞头海洋文化得到充分展现。同时，展示手法大幅度更新，除了文字、图表、实物、照片外，增加了模型、视听、二维及三维动漫、幻影成像等最新展陈形式，增加了多项与游客互动的新颖设施。

　　提升后的望海楼展区，得到了专家、领导、本县干部群众及外地游客的一致肯定。经浙江省建筑装饰行业协会审核评定，该提升工程荣获 2013年浙江省优秀建筑装饰工程奖。

坐拥风云

四、千古名楼焕新彩

　　望海楼景区由山门、望海楼散文碑刻、颜延之雕像、诗词碑廊、广场、主楼、泓澄亭、心赏亭、同辉亭、品茗阁、海洋动物故事园、白马古道以及游客服务中心等组成，游览区面积 140 亩。

望海楼山门

韩美林题写的匾额

山门

　　望海楼景区的山门为仿清式建筑，采用四柱三间三楼碑楼样式，歇山顶，高 12.05 米，宽

19.4 米。两侧墙面为照壁，饰有百岛风光的青石浮雕。

　　山门匾额"百岛一望"，为著名书画家、造型艺术家韩美林先生书写。意在登楼巡览，百岛尽在一望之中。"望"又有窗口的意思，望海楼是洞头历史文化的窗口，是饱览百岛风貌的窗口。

　　山门的楹联，由中国书法家协会原主席沈鹏先生书写：

　　一海放千帆，美景难收，为有朝霞托日起；
　　四时妆百岛，良辰未尽，更留明月待潮生。

　　这副楹联，是望海楼全国征联大赛活动一等奖作品，为四川李军先生撰拟。

沈鹏题联

望海楼散文碑刻

望海楼散文碑刻勒刻的，是著名散文作家王剑冰的散文《洞头望海楼》。碑以古代线装书页的形式，用中国黑石材雕就，古朴典雅，有书卷味。

王剑冰为中外散文诗协会副主席、河南省作家协会副主席，河南省散文学会会长，全国鲁迅文学奖二、三、四届评委，国务院政府特殊津贴专家。是冰心散文奖、郭沫若散文随笔奖、杜甫文学奖、中国散文诗 90 年代重大贡献奖等重大奖项得主。他创作的散文《绝版的周庄》勒刻于周庄，入选高中语文课本，并被翻译成多国文字；散文《吉安读水》《天河》分别刻碑于吉安白鹭洲和湖北郧西。

2013 年 4 月，王剑冰应洞头县文联、县旅游局的邀请，前来洞头观光考察。海岛秀美的风光，令他灵感顿发，创作了这篇优美的散文，发表于 2014 年 1 月 15 日的《人民日报》。

王剑冰散文碑刻

颜延之雕像

颜延之与谢灵运在南朝的文坛齐名，合称"颜谢"，两人既是好友，又先后被贬谪温州。谢灵运于公元 422 年任永嘉太守，游吟于温州山水间，

瞻仰颜延之雕像

开我国山水诗之先；颜延之则在他离任后的 12 年，即公元 434 年来到永嘉，钟情于洞头海景，建造了望海楼。这座雕像，就是为纪念颜延之而塑。

颜延之雕像高 5 米，基座 1.5 米，泉州石雕成。雕像遥对洞头岛礁的代表性景观——半屏山。颜延之左手拿书，对应他平日刻苦好学，手不释卷；右手捋胡，陶醉于洞头的美景之中，颇为传神。

诗词碑廊

诗词碑廊勒刻的，是"望海楼海内外诗词大赛"的部分获奖诗词和评委的特邀作品，共 36 副。

诗词碑廊鸟瞰

碑廊的前言，概述了"望海楼海内外诗词大赛"征集、评审的简要经过和建设碑廊的初衷。

"自古以来，杰构名扬，每赖联端赋丽；华楼声播，尤需诗美词佳。丁亥仲夏之际，望海楼落成，县人民政府旋乃联合中华诗词学会、浙江省诗词与楹联学会，举办'望海楼海内外诗词大赛'，广征高手，博采嘉篇。其间历时四月，三十省市积极响应，众多华侨欣然参与。总计诗家词客一千四百余名，投寄作品二千五百多首。省市两级评委，具法眼，秉公心，孜孜矻矻，严谨遴选，终使奖项适归其主，大赛圆满成功。

继而妙思复起，遂将大赛部分获奖作品及评委特邀之作，专聘海内名家挥毫书

诗词碑廊记

丹，延请刻石高手，勒诸优质碑材，砌列成廊，展之面示。以期登斯楼者，吟诵诗词之余，愈加心赏百岛风光之秀丽，感受望海名楼之神韵。更为昭示众人，垂传后叶：俾体悟适值禹域明时，方有如斯盛举，实乃洞头改革开放之成果，百岛辉煌新篇之一页也。"

湖南益阳朱兆麟的《满庭芳·望海楼》获得大赛的特等奖：

世外桃源，人间仙境，天风海雨惊秋。四围空阔，云水画中收。百颗明珠灿烂，金三角①，礁美洞幽。登楼望，七龙跨海，迤逦接东瓯。

悠悠！鳌背上，天开胜景，谁与绸缪？引多少游人，几度回眸。海燕双双迓客，斜阳里，不断啁啾。归帆远，渔灯万点，空际挂银钩。

诗词大赛特等奖作品

诗碑由书法家陈振濂书写。陈振濂为中国文联副主席、中国书协副主席、西泠印社副社长兼秘书长。

获得大赛一等奖的有三首。

浙江平阳陈正印的《沁园春·登洞头望海楼》：

系缆蓬壶，蹑足烟墩，纵目画楼。正长天待扫，些微浮霭；惊涛出没，三五飞舟。盆景争姿，骊珠斗彩，百岛风光一望收。凭栏处，漫抚今追昔，思虑悠悠。

天涯认我琉球，忆郑帅挥师斩贼酋。叹三春情意，十分牵挂；百年游子，千缕乡愁。两岸同根，半屏为信，海峡无非一

①金三角：雁荡山、楠溪江、洞头百岛为温州旅游金三角。

诗词大赛 一等奖作品　　　　　　　　　　　　　　诗词大赛一等奖作品

浅沟。俱华裔，问谁家阿扁，何作蜉蝣？

　　诗碑由西泠印社理事、中国美院书法系主任、教授祝遂之书写。

　　湖南湘潭牛一的《踏莎行·望海楼》：

　　绿树依依，红花片片。桃源春色渔村见。云楼欲系少陵心，海暾先扑青莲面。

　　港口飞舟，洞头落雁。东南肯与诗人便。登楼赋接洛神篇，曹王词笔枝枝健[①]！

　　诗碑由中国印学博物馆馆长、西泠印社副社长、浙江省书协原副主

————————————————

　①曹植写《洛神赋》，王粲作《登楼赋》。

诗词大赛一等奖作品

评委特邀作品

席刘江书写。

浙江龙泉朱金兴的《七绝·望海楼》：

碧浪浮珠百屿洲，烟霞霓雾紫云悠。

谁人偷得月宫殿，移作墩山①望海楼。

诗碑由浙江省书协原副主席、省书法理论研究会原副会长俞建华书写。

中华诗词学会和浙江省诗词与楹联协会的专家们，在观赏了望海楼和洞头其他景区的秀美风光后，纷纷挥笔抒怀。他们的部分佳作，也被勒刻在碑廊。

中华诗词学会会长郑伯农，应邀写了《七律·望海楼》。

矗立南疆第一楼，登高临远望神州。

浪涛奔涌推帘幕，山石嶙峋冲斗牛。

虹架岛礁穿地角，船浮江海达天陬。

莫嫌自古穷荒僻，华夏腾飞看洞头。

诗碑由瘦石书画院院长、中国少数民族作家协会副会长尹汉胤书写。

中华诗词学会秘书长王德虎应邀写了《鹧鸪天·洞头望海楼》。

潮落潮生年复年，风摧浪拍石犹坚。七桥八岛相连缀，璀璨群星洒海间。

①墩山：即烟墩山。望海楼建于烟墩山顶上。

评委特邀作品　　　　　评委特邀作品　　　　　评委特邀作品

楼映水，水连天，烟波万里自陶然。逐流竞发千帆远，仰首遥空月一弯。

诗碑由中国书协副主席吴善璋书写。

浙江省诗词与楹联学会会长、浙江省书法研究会会长钱法成，应邀写了《七律·登望海楼》，并亲笔挥毫书丹。

偕兄望海抒怀抱，指点天涯唱大潮。

波撼重楼银汉落，桥连五岛彩云飘。

情锺桑梓君堪慰，心逐沧浪我未涸。

杰阁风高凉沁骨，相将徐步下层霄。

浙江省诗词与楹联学会副秘书长郑少梅应邀写了《七律·赞洞头》

崇楼飞峙海山巅，极目桥通五岛连。

大港拓新经贸路，小鲜烹火旅游年。

家居烟水红霞里，网撒苍波白鸟边。

久惯风涛情志兀，弄潮人乐洞头妍。

诗碑由湖北省书协副主席张明明书写。

广场

望海楼广场位于主楼前，与主楼呈三阶平台连接。广场东侧立有著名辞赋家、戏剧家魏明伦先生创作的《望海楼赋》石雕碑刻。

广场长 34 米，宽 51.4 米，总面积 1700 多平方米，可容纳一千余人。望海楼对外开放以来，已先后在广场举办过"全国百名将军赞海霞书法展""全国海姐大赛""全国最美海岸线摄影大赛"启动仪式等多项重大活动。

2017 年 6 月 18 日上午，在第三届国际瑜伽日来临之际，由温州市人民政府、印度驻上海总领事馆主办，洞头区政府、温州市外侨办、市体育局承办的"2017 国际瑜伽日中国温州（洞头）千人国际瑜伽盛会暨功夫瑜伽活动"在望海

2017 千人国际瑜伽盛会在望海楼举行

楼广场举行。印度驻上海总领事馆总领事古光明为洞头区"中印海岛（洞头）瑜伽养生基地"授牌；温州医科大学与印度辨喜瑜伽大学签订了校际合作备忘录。来自印度的瑜伽大师和 500 名瑜伽爱好者、200 名太极及拳术爱好者，以及领导、嘉宾、观众等近千人齐聚广场，感受了印度古老瑜伽养生文化和中国传统武术文化友好交流，健康养生业态与海岛自然生态完美融合的独特魅力。当天下午，印度总理莫迪在推特上转发了活动的 4 张精美图片，称赞场面精彩。他的 3000 多万粉丝借此赏识了洞头海岛风光的秀丽和望海楼的壮美。

主楼

望海楼主楼为仿清式建筑，坐北朝南，占地 700 平方米，建筑面积 2700 平方米，楼层明三暗五，高 35.4 米。三、五层设有外围观景廊，楼的顶部置 4 座小阁，呈众星拱月之势。

望海楼竖匾"望海楼"，系书法大师启功先生墨宝。五楼横匾"晋唐远韵"集赵朴初先生书法，以时间的概念，从人文的角度，阐明望海楼历史的悠远，传承的长远。三楼横匾"海日天风"集沙孟海先生书法，以空间的概念，从自然的角度，赞颂望海楼凝山海之奇趣，聚日月之精华。

启功题写的楼匾

望海楼

三楼匾额

五楼匾额

望海楼配置先进的景观照明，夏季夜间，楼灯亮闪，一片璀璨，尤为迷人。

望海楼巍峨壮观，人们称赞有"三绝四最"之美。三绝为：从海上或岛上远眺，是一处绝佳景观；登楼环视四周，是遍览百岛风貌的绝妙看台；楼内各层展厅，是普及海洋知识的绝好课堂。四最为：东南沿海岛屿楼阁所处海拔最高，楼形众星拱月气势最雄，楼匾楹联名家声望最隆，陈列渔村民俗物品最丰。

主楼一楼的正门立柱有两副楹联。内侧的一副为：

仰层檐抱月，曲槛横云，气吞吴越三千里；

俯灵海奔涛，遥天返棹，名贯东南第一楼。

李铎题写　　　　朱关田题写　　　　鲍贤伦题写

楹联为中国楹联学会副会长兼学术委员会主任叶子彤先生撰拟，中国书法家协会原副主席、将军书法家李铎书写。

外侧的一副为：

　　威形浩荡，桥连绿岛横天地；

　　古韵苍茫，楼接青霄溯晋唐。

中国楹联学会原副会长兼秘书长刘育新撰拟，中国书法家协会原副主席、浙江省书协原主席、西泠印社副社长朱关田书写。

俞建华题写

主楼一楼东门立柱的楹联为：

　　亭馆纵无旧制，心赏未空，胜事肇南朝太守；

　　楼台更起层峦，景观尤壮，遥襟听东海洪涛。

莫干山书画社社长卢前撰拟，中国书法家协会理事、浙江省书协主席鲍贤伦书写。

主楼一楼西门立柱的楹联为：

　　百岛联珠，菀菀苍苍，浮东海而生万象；

　　一楼称胜，麟麟炳炳，峙南天以证千年。

中国楹联学会会长兼秘书长蒋有泉撰拟，浙江省书协原副主席俞建华书写。

主楼一楼北门立柱也有两副楹联。内侧立柱的楹联为：

　　望中百岛烟霞，仙客迎来阆风苑；

　　海上万家花树，渔人留住武陵源。

中国辞赋家协会副主席、中国楹联学会常

务理事王翼奇撰拟；浙江省书法家协会原主席、西泠印社原副社长郭仲选书写。

外侧立柱的楹联为

天地启斯文，教光禄兴亭，琼楼炳海；

沧桑原正道，应明公主邑，蓬岛排烟。

中国楹联学会原副会长常治国撰拟，中国楹联学会原会长孟繁锦书写。

主楼三楼南门立柱的楹联为：

往事越千年，晋唐高致容怀古；

郭仲选题写

孟繁锦题写

王冬龄题写

沧波浮百岛，天地奇观待写真。

浙江省楹联研究会副会长、浙江工业大学教授吴亚卿撰拟；浙江省书法家协会原副主席王冬龄书写。

主楼三楼北门立柱的楹联为：

灵海翠峰，昔贤曾觅无双地；

峻观杰构，新景凭开第一楼。

姜东舒题写

林剑丹题写

吕国璋题写

浙江古籍出版社副总编辑、浙江省楹联研究会副会长尚佐文撰拟；浙江省硬笔书法家协会原主席姜东舒书写。

主楼五楼南门立柱的楹联为：

问江畔三楼，谁能望海？

临洞头百岛，我欲骑鲸。

中国对联文化研究院研究员、江苏省楹联研究会理事李海章撰拟；浙江省书法家协会原副主席、西泠印社理事林剑丹书写。

主楼五楼北门立柱的楹联为：

极目逞怀，亦天亦海；

凌虚把盏，无我无人。

中国楹联论坛创始人之一张荣沂撰拟；西泠印社原秘书长吕国璋书写。

主楼内的1—4层，是洞头海洋文化展示馆，分设《帆锚相依》《耕海牧鱼》《闽瓯风情》《非遗奇葩》4个展厅。以现代先进的展示手段，展现洞头别具海洋特色的民情风俗。

主楼的三层和五层，分别设有环形观景廊。绕着观景廊四顾远眺，东望，是洞头的新老城区，大道纵横，楼宇林立，车水马龙，一片繁华，花园式的滨海新城渐成规模。南眺，被誉为"神州海上第一屏"的半屏山尽收眼底。"半屏山，半屏山，一半在洞头，一半在台湾"的民谣，如在耳边回荡。半屏山前的国家一级渔港——洞头中心渔港，削浪大堤横卧，码头渔轮云集。西看，大海波涛澎湃，渔舟穿梭往来，养殖海区隐约可见。北瞧，七座跨海大桥横跨其间，似如彩虹追月，辉映着洞头"小县办大事"的创业精神。

在五楼观景廊揽胜，有时恰逢海上起雾。那可不是霾，是轻盈活脱而又浪漫的雾！薄薄的雾慢慢蔓延，为远处的岛礁披上白纱；白纱缓缓飘荡，让近处的波浪和船只也随着漂移，加之碧蓝的高空一抹淡淡的霞彩，简直就是一幅变幻无穷的山水画。令人惊叹：此身真在仙境中！

黄杨木雕屏

木雕屏书法

铜雕清代诗人咏望海楼

　　主楼的五楼为休憩室。

　　室内设置大型黄杨木雕竖屏《望海楼》，作品综合运用线雕、透雕、镂雕等多种传统手法，艺术地再现了望海楼的雄姿和洞头代表性景观半屏山、仙叠岩的风光，为中国工艺美术大师虞定良所作。竖屏镂刻清代诗人王步霄吟咏洞头山水美景的诗作：

　　　　苍江几度变桑田，海外桃源别有天。

　　　　云满碧山花满谷，此间小住亦神仙。

　　诗作由浙江省书法家协会原驻会副主席兼秘书长杨西湖书写。

　　休憩室还嵌立大幅草书铜雕，雕刻的是清代诗人戴文俊所作的怀念望海楼的诗作：

　　　　天风振袂上危亭，蜃市初消海气清。

　　　　日暮云中君不至，高歌独有老龙听。

　　铜雕的草书，由中国文联委员、中国书法家协会副主席吴东民书写。

泓澄亭

泓澄亭

亭在主楼东侧，为六角形，双层结构，六角重檐，寓"六六大顺"。亭名取自唐代温州刺史张又新写望海楼诗"灵海泓澄匝翠峰"句。泓澄，原来表示水的清澈深广，这里借用来形容亭内的钟声清澈宏亮。亭的二楼悬挂"福祥钟"，为岛民和游客祈福。钟的铭文为：

贾平凹题写的亭匾

新纪盛世，人和政通；

古楼重光，百岛欣荣。

已丑新正，诚铸斯钟；

福至祥呈，永葆昌隆。

题写亭匾的是贾平凹，全国政协委员、中国作家协会理事，茅盾文学奖获得者。亭联作者为内蒙古的贺成元，望海楼全国征联二等奖作品。联文为：

万里赋高楼，极目驰怀，白云不掩瓯江月；

四时兴福地，遥天阔水，锦浪犹传半岛钟。

书写亭联的是中国书法家协会原驻会副主席张飚。

泓澄亭楹联

心赏亭

亭处泓澄亭东北向的下方，为四角方形，寓天圆地方之意，亭名取自张又新写望海楼诗的"昔贤心赏已成空"句。心赏，用美好心情欣赏秀美景色。亭匾为中宣部原副部长、文化部代部长贺敬之所题。贺敬之是著名诗人，诗作《回延安》《雷锋之歌》及歌剧《白毛女》等亟具影响。

亭联为浙江吴红云所撰：

贺敬之题写的亭匾

心赏亭楹联　　心赏亭碑刻

诗酒皆仙,吟魂醉魄归何处;
江山如画,月色涛声共一亭。

　　书写亭联的是中国书法家协会副主席钟明善。亭内置有张又新写寻找望海楼未遇的《青岙山》诗碑,为中国书法家协会副主席、上海书协原主席、女书法家周慧珺所书。

心赏亭

同辉亭

同辉亭

亭在主楼出口游步道西侧，双层，六角重檐。望海楼所在的烟墩山巅，春秋季适当时间，可以看到朝日和落月、夕阳和初升月亮同映的美景，故取此为亭名。亭匾为中国文联主席、文化部代部长周巍峙所题。周巍峙是著名文艺评论家、音乐家，《中国人民志愿军战歌》出自他手。

亭联为福建曾清严撰拟，获望海楼全国征联大赛二等奖，联文为：

须蓬岛月来，听满阁风吟，一湾鱼跃；

周巍峙题写的亭匾

待海天日出，望七桥锁浪，石岭喷霞。

中国书法家协会副主席、河北省文联副主席旭宇书写。

同辉亭楹联

海洋动物故事园

园在同辉亭西侧，为游客观海休闲平台，塑有海洋动物故事《鱼为什么没有脚》《章鱼擒乌鸦》《海鸥与鲨鱼》石雕。洞头海洋动物故事为国家级"非遗"项目，凸现洞头海洋文化特色。

品茗阁

阁在海洋动物故事园西侧，为双层木结构楼阁，专为观海品茗而设。阁柱有两副楹联，一副为：

客来胜地炉当煮；
君去阳关茶不凉。

中国楹联学会原副会长、曾获对联撰写大世界基尼斯之最的王庆新先生撰拟并书写。

另一副为：

七碗风生哪雪浪；

海洋动物故事园

品茗阁

一壶春满醉烟楼。

中国楹联学会副会长、学术委员会主任叶子彤撰拟，湖北省文联副主席、茅盾文学奖获得者熊召政书写。

白马古道

白马古道是望海楼与烟墩山下小朴渔村的互通道，由清风圃、托楼廊、涵秀台及栈道组成，全长 1400 米，拥有休憩平台 886 平方米。

清风圃四围修竹婆娑，清爽宜人，以竹篱为门，有海南省书法家协会原副主席韩秀仪书写的对联：

读有用书行无愧事；
学虚心竹作实在人。

白马古道清风圃

古道的中段辟有涵秀台，由擅长章草的苍南书法家萧耘春题写台名。

古道蜿蜒曲折，周边植被茂密。沿

白马古道涵秀台

道上下间，浓荫遮蔽；廊台高低处，岛礁入眼，是登山健体、观涛揽胜的好去处。

白马古道因小朴村中的白马寺而得名。据说早年福建永春县遭受百年未遇的干旱，幸得白马相助祈得雨水。当地百姓为此建造白马寺、创设马灯舞以志纪念。后来永春县的一些移民迁徙到洞头小朴村，沿袭了这一习俗。

待等云雾起

五、海洋文化列珠玑

望海楼主楼内布陈的，是洞头海洋文化展馆，分设在1—4层，每层为一个展厅。

第一厅　帆锚相依

这一厅是序厅，简要介绍洞头列岛的概况和开发历史。

从晋至清，历经一千多年，福建和浙江的移民，在洞头列岛经风历浪、披荆斩棘，驭海垦地，繁衍生息，拓展了一片生存天地，洞头也成为了闽南文化和东瓯文化的交融地。展厅正面陈列的大型贝雕画《帆锚相依》，象征着洞头的先民从闽南和温州周边县驾舟扬帆、乘风破浪而来，落锚扎根，合力开发了洞头列岛。

贝雕风帆高5.7米，总面积70平方米，用8923斤野生三角蚌的蚌壳打磨嵌制而成，（对应当时洞头县全域面积892.3平方公里）是目前国内

大型贝雕《帆锚相依》

最大的贝雕件，由洞头东海贝雕工艺公司9名工艺师和工人耗时半年制作而成，获上海大世界吉尼斯纪录。

　　贝雕风帆上嵌有"洞天福地，从此开头"八个大字，为台湾著名诗人、作家余光中所题。余先生于2010年1月来洞头游览，对洞头的海洋风光赞赏有加，也对洞头地名作了全新的诠释。

　　展厅的左侧，是大型油画《半屏山》。半屏山是洞头风景名胜区代表性景观之一，由4屏18景组成长达1200米的天然海崖浮雕长屏，被旅游业行家赞誉为"神州海上第一屏"。她和台湾高雄的半屏山遥相呼应，是同根同源的兄弟山。民谣"半屏山，半屏山，一半在大陆，一半在台湾"，大陆半屏山指的即为此山。洞头以此为优势，举办"两岸半屏山文化旅游经贸交流活动"。

展厅右侧，安排放映了专题片《古楼今昔》。这部9分钟的专题片，以望海楼建设、毁损和重修的历程，形象再现洞头的历史文化，展望洞头建设"海上花园"的美好前景。

半屏山油画展示

第二厅　耕海牧鱼

这一厅陈列的，是洞头的渔业生产及相关习俗。

【洞头渔船发展概况】

从古人"刳木成舟"，到如今渔民用上钢质渔轮，渔船的不断发展，既是一部船舶科技史、渔业进化史，更是一部渔区文明发展史。

舢板

浙江沿海使用渔船约有 7000 余年的历史。三国时温州的平阳就建有造船的船屯，明代时，温州是全国最大的造船基地之一。凭借地域之利，洞头的渔船也随之得到发展。

洞头渔船的发展，大体分为四个阶段。

第一阶段是人力推进阶段。这里展出的有独木舟、木板船、舢板、泥涂船。

木板船和舢板

在独木舟的两侧加上舷板，舟内增加横档支撑，便成了木板船。这种小型渔船，以橹或桨作为推进工具，主要在内港、近海从事墨鱼和海蜇捕捞，也有在渔港内兼做渡船。

泥涂船

在泥涂上使用的小型木板船，类似雪地上的雪橇，所以也叫涂橇。以双脚合力在海涂上使用，捕捉小鱼虾，捡拾蛏子、泥蚶等滩涂贝类。因小巧实

泥涂船

用，被誉为泥马、海涂自行车，是洞头民俗八大巧之一，叫"驾舟靠双脚"，有专门的视频作介绍。

第二阶段是人力与风力共同推进阶段，开始用上了帆。帆最早出现在我国商代，是对海洋文明的重大贡献。这里展出的是洞头渔民经常使用的帆船，有网艚、白底船、蟹背等；船上挂的风帆，有一张、两张直至三张，说明渔区的生产力在缓慢地提升。

网艚

张网作业使用的小型渔船，长 10 米左右，挂一张帆，加人力划桨来推进。其特征是船头尖形，船舱敞开，不设舱盖板，以便于鱼筐置放和鱼虾的装卸。

尖头网艚

白底船

在近海主要从事钓业生产的木质渔船，长度在十一二米，宽约 3 米，单张帆，配摇橹。其特征是船身刷白，船头和船尾涂红；船身隔成 5 个舱，配舱盖。洞头渔民过去大多使用白底船，有长达数百年的历史，以单船作业的形式钓带鱼、鳗

白底船

鱼。以后随着渔场向外海拓展，白底船难于抵御外海的大风大浪，才逐步淘汰。

蟹背

从事对网生产的木质渔船，长度在十三四米到十七八米，大多设两张帆。其特征是甲板形如梭子蟹的外壳，甲板上能背放舢板，故而得名。其中，背2只舢板的叫单背，背4只舢板的叫双背。出海到渔场后，把甲板上的舢板吊放到海面，以两只为一组，把渔网撒开，再慢慢合围，把鱼虾驱赶入网。

洞头渔船发展的第三阶段是风帆和机械合力推进阶段，叫机帆船。机帆船有各种船型，这里展出的有连江船、丁送头、大排等。洞头于20世纪七十年代实现机帆化。

连江船

又叫"打洋船"，意为能远出外洋打鱼的船，原出自福建省的连江县。船体较大，长20米，宽4米多，主机马力40匹。其特征是船头不敞开，稍宽微翘；船舷极矮，以便于从船舷边撒网拉网。连江船以两只大船为一对，

各式帆船

带四只舢舨的双背

丁送头机帆船

不带舢板，直接进行对网生产。

丁送头

从事对网生产的渔船，因船头有一横一竖木料成"丁"字形而得名，主机马力80匹以上。船首宽平，放锚、收拉缆索比较方便；船体较宽，装载得也多；加之船头结构特殊，能经得起风浪和硬物的碰撞，安全性能好，所以得到广泛使用。

渔轮

洞头渔船发展的第四阶段是渔轮，完全以机械为动力，不再挂风帆。

渔轮

渔轮长度一般为32—38米，载重80—180吨，主机马力150—400匹。洞头的渔轮经历了从木质到钢质的发展过程，1983年引进木质渔轮，1986年底开始有钢质渔轮，现在全区已实现外海捕捞渔轮化。近些年，随着生产的发展，渔轮的船型、主机马力在不断增大。

渔船的诞生从独木舟开始，经木板船、木帆船再到机帆船，前后历经8000多年。洞头的渔民使用木质渔船，前前后后长达近两千年。而从1952年洞头解放到实现全部机帆化再到渔轮化，只用了短短50多年。渔船的快速发展，应当归功于优越的社会主义制度，归功于科学技术的进步。

渔船的逐步发展和渔业生产的劳苦，在民间歌谣中得到反映。展厅特设视听设备，供游客选听。如《白底船》：

新造白底头尾红，摇橹架桨驶布篷。

三日不到大岙港，家内吃用靠啥人！

前两句，描述的是白底船的外形特征、推进工具和操作办法，用语简洁，却又明白易懂。后两句是歌吟者要表达的中心意思：渔家的日子苦哇，家无隔夜粮。渔船出海打鱼，要是三天不回来，家里就没得吃没得用了。

又如《行船苦》：

行船真艰苦，没风要摇橹；

吃糜配菜卜，无钱赚给某。

闽南语中，糜是很薄的稀粥；菜卜指的是腌制的咸菜、萝卜条；某，即老婆。这首民谣以白描的手法，唱述了渔业生产的劳累、渔民生活的贫苦。帆船靠自然风力推进，一旦风停止，就要人力摇橹。摇橹相当消耗体力，可吃的是稀薄的粥，下的菜是咸菜腌萝卜，即使打到了鱼，也舍不得吃，那是要留着上市售卖、交船网租钱、给妻儿过日子的救命钱。

【洞头民俗八大巧之渔业生产四大巧】

洞头的民俗有不少独特的地方，我们概括成"八大巧"。

木船用火烤，驾舟靠双脚；

纸灯浪上漂，动物满船跑。

鸡鸭桌上叫，熟饭用粉包；

猫耳朵下水煮，美人儿任你咬。

这一厅介绍的是八大巧中的前四巧，渔业生产四大巧。

渔业生产四大巧

木船用火烤

歇渔季节到洞头的海滩，常会看到这样的情景：渔民们把木质渔船倾斜搁在沙滩上，在船底燃起熊熊大火。木船怎么能用火烤呢？不知底细的人可能会惊叫"救火"，其实大可不必，这是渔民在给渔船"美容"哩！

木质船在海上航行的时间长了，船底会附生海藻、藤壶，甚至滋生船蛀虫，这不但影响航速，船的"寿命"也会缩短。怎样解决呢？渔民们先用扫帚把船底来一番清扫，然后用火熏烧，这样就把船底的杂物清除，把船蛀虫杀死了，既省钱又省力。当然，用火烧烤，多大的船底，用多少柴火，

烧多长时间，那是全凭多年积累的丰富经验。这种充分体现渔区群众劳动智慧的渔船"美容法"，确实很巧啊！

驾舟靠双脚

洞头有 10 多万亩海涂，渔民们常年在海涂上拦鱼虾、摸蛏蛤、采紫菜，可是涂泥深陷，行走十分不便。有什么巧妙办法能在海涂上快步疾行？有呀！你看，渔民们驾着泥涂船过来了。这种泥涂船，长二三米，宽 60 多厘米，驾船人一脚跪在船内，一脚在海涂上用力蹬，一蹬，小船便飞快地行驶。当地人把这种小船叫做"涂撬"，也有人叫它"泥马""泥涂自行车"。

了解我国舟船发展史的人知道，8000 年前古人"刳木为舟"，3500 年前开始有了木板船。以后再从木帆船、机帆船，发展到现代化的渔轮。这泥涂船便是木板船的一种，论岁数，该有两三千岁了，是我国舟船发展史的活化石。如今，洞头的渔业生产已经实现渔轮化，可在近海，泥涂船仍有生命的活力，这不能不令人叹为奇巧，所以便有"驾舟靠双脚"这一说了。

纸灯浪上漂

每逢农历七月廿九，洞头各地会在在海上放流纸灯，这个习俗，从福建传入，已经有 100 多年的历史。这种纸灯，用油光纸扎糊成小碗形状，碗中粘贴菜油浸过、形如锥状的纸芯，整齐排列在一块块薄木板上。选择入夜退潮时分，划着小船出港口，点燃纸灯芯，按下木板，纸灯便会浮在水面，随潮流外飘，因为是油光纸所做，经得起水浸，不怕风浪，能漂得很远。

放流纸灯，过去为的是让传说中徘徊在渔港、码头、村岙的孤魂野鬼，按灯光指引的方向远遁，不致于滞留渔村作祟，祈愿全境平安。以后随着人们科学知识水平的提高，观念得以根本转变。农历七月过去恰是洋面海蜇旺发季节，于是这种灯演变成了海蜇丰产的祝愿灯。由于纸灯放流规模大，场面热闹，所以近些年又成了渔村节庆的灯彩活动，欢庆渔事丰收，祈愿渔村平安。洞头的纸灯，在制作手法、放流方式、放流目的上，都讲究个"巧"字。

动物满船跑

渔民们常年在海上生产，以海为田，以船为家，渔船既是生产工具，也是生活场所。可是，那时的船上没有书报，没有收音机，除了同船伙计，别无其他生物。大海茫茫，时日漫长，冷清寂寞，极为枯燥。聪明的渔民们便在渔船上动起脑筋，把船上的部件、用具用十二生肖以及别的动物名称来命名。如船底最粗长的木料叫龙骨，龙骨与船尾交接部叫虎尾，升降船帆的滑轮叫猴头，船桅的风向标叫鸡旗，船头置放船锚的竖桩叫鹿角，船老大和船员休息舱的舱面叫龟壳等等。这样一来，拿用具也好，干活也好，叫出口的都是动物，就像有许多动物在船上跃动，与渔民作伴，为枯燥的海上生活增添了温馨。同时，这种为船上部件和用具的命名方法，也便于对新下船的年轻渔民传授生产技术，利于记忆，便于掌握，学得快，记得牢。这一巧，同样凝聚着渔民的生存智慧。

【海洋捕捞】

洞头渔民海洋捕捞的作业方式，主要有拖网、张网、笼式、钓式以及刺网、围网等多种。展厅以模型、二维动漫视频等不同展示方式做了介绍。

游客参观捕捞作业

拖网作业展示

拖网作业

这是利用渔船的动力、天然风力和潮水的力量拖曳网具，在拖曳的过程中驱使各种鱼类入网的捕捞作业，适合近远洋生产，

是目前渔轮采用的主要生产方式。其中，两条渔船拖一张网的叫双拖，一条渔船拖一张网的叫单拖。

张网作业

这是固定型的海上生产方式，又称定置作业。在近海选择鱼虾密集洄游的水域，将毛竹桩打入海底，在固定架上系挂锥形网具，借潮水涨退的冲力使鱼虾入网，主捕毛虾、水潺、虾蛄等小型鱼虾。由毛虾加工的虾皮，含钙量高，有"钙库"之称，是洞头的特色水产品。

钓业生产

海洋捕捞流动作业的一种，大多为单船作业，主捕带鱼、鳗鱼、鳓鱼。如前面介绍过的白底船，每条船一般用五六个船员，带有绳线和钓钩。到了渔场，众人分工合作，切鱼饵、搭钩钓，把吊有饵料的钓绳放入海中。约摸两个小时之后，再把放下海的绳线依次拉起，把上了钩的鱼剥离入舱。

笼式作业

是一种诱惑式的生产方式。用竹篾、草绳或网线编结成笼状，笼内置放饵料，诱使鱼类进笼摄食而加以捕获，大多在近海作业，竹篾笼捕墨鱼，蟹笼捕海蟹。

敲舷作业

敲舷作业是曾经泛滥一时、后被严禁的一种"竭泽而渔"的捕捞方式。它以声波聚集鱼群，继而进行围捕，主捕鱼类是大、小黄鱼。

敲舷属多船作业，作业计量单位称"艚"，一艚敲舷作业由主、副船（俗称公船、母船）、装卸运鱼船和三四十艘舢板组成。主副船和运鱼船把众多舢板运到渔场后，主副船分开，撒下网具，舢板群远远地排列成半椭圆

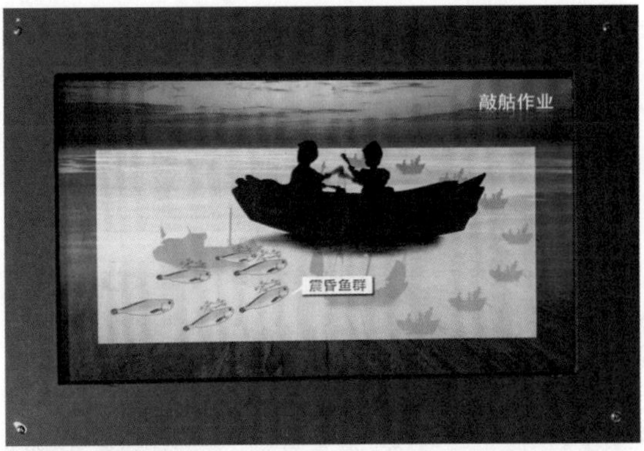

敲舫作业展示

形，在其中一艘“潮头船”的指挥下，一面敲击舢板上的舫板，一面缩小半椭圆形的包围圈，由外向内，逐渐朝主、副船靠拢。这舫板用乌桕或梧桐木特制，舫榧用硬杂木削成，两下敲击，发出的“当当当”声特别响，声波从船底传递到海中，大有震天掀海之势。大、小黄鱼靠脑中两颗鱼耳石保持身体平衡，鱼耳石被强烈的声波震动，身体失去平衡，昏昏沉沉地不由自主浮上海面。主、副船立即收网捞鱼，分装到运鱼船上。

敲舫作业起源自广东，1956 年秋经福建引入平阳、洞头，继而在整个温州地区蔓延。用敲舫方式捕捞黄鱼，产量相当高，据资料显示，最多的竟有一次网捕到 50 多万斤的。但在这同时，却构成对幼鱼的严重摧残，许许多多的幼鱼率先被震晕入网；再加上当时加工、运输的能力低下，造成资源的大量浪费。这种杀鸡取卵、断子绝孙式的滥捕，是野生黄鱼资源衰竭的肇始。为此，浙江省政府、国务院先后于 1957 年和 1964 年发文，严禁敲舫。但“文革”中又死灰复燃，直到 20 世纪七十年代中期才彻底禁止下来。

敲舫作业是我们认识海洋、利用海洋资源走过的一段弯路，从反面说明了适度捕捞、保护海洋资源的重要性。

【捕捞渔具】

这里展出经多方收集的渔具老物件，主要有锚、橹、船眼睛、讨海袄、笼裤等。

锚

锚是渔船停泊时，抛入海中用以固定船位的船具。闽南语叫做"碇"，

渔业生产老物件

渔业生产用具

观赏渔村老物件

竹锚

"石"字旁一个固定的"定"字，表明最早的锚是用石头打磨的。洞头民间谚语有"船无碇，人无命"一说，说明锚的重要性。洞头渔区的锚，按材质分，有石碇、竹碇、铁锚，现在都用铁锚。

橹

橹是我国西汉时的重大发明，属于木质船推进工具的一种，由橹柄、橹叶组成，另配有橹带。洞头渔船的橹有三种：鸳鸯橹、透顶橹、"锅铲"橹。鸳鸯橹用于大型木质船，由于橹很长，平时为便于存放，分为两段，使用时以榫头相扣来连接，所以取了这么个浪漫的名称。

船眼睛

过去木质船船头两侧，按有一对船眼睛，也叫"龙目"。关于船眼睛的来历，有不同的传说。其中一个传说是这样的：有一个渔民，无意中救了一条神鱼。神鱼十分感谢，把渔民的眼睛变成神眼，能看清海底的鱼虾。这样一来，他所在的船接连打到鱼。渔财主利诱他，许诺让他来当船老大、当管家，被他坚决

船眼睛

拒绝。渔财主恼羞成怒，派人暗害了他。这渔民死后托梦给船上伙计，让伙计用木头做成他眼睛的模样，钉在船头，这样果然也能打到鱼。以后这习俗便在渔区流传开来了。

钉船眼睛很有讲究，要挑良时吉日，在潮水上涨时进行；要披红挂彩，点香烛放鞭炮。眼睛的黑白按一定的比例，位置也有区别：打渔船的船眼睛，眼球向下，这样能看清海底鱼虾和礁石；收购、运输鱼虾的船，眼球向前，便于船只看准前方目标，不至于迷失方向。

笼裤

笼裤是过去渔民在海上生产时的穿着，样式很特别：裤管宽大，一尺有余；裤腰两边开衩，每边各缝有两条细长的裤带；裤腰上另加裤头，约三四寸宽；裤腰折褶处，绣上形如渔网网眼的花纹，这种花纹又很像古时候铜钱的内孔，所以又叫"古钱孔"。这种裤大多用粗厚的白帆布制作，用一种叫薯莨的藤本植物的块茎浸染成赭色，因而经得起风吹日晒，耐得住海水浸蚀，而且正反面可以轮换，穿着方便，很实用。

笼裤

有人疑惑：笼裤的裤管裤衩为什么这样宽大？这除了下蹲上抬灵活便于生产劳动之外，还有民俗上的因素。渔船是渔民生产、生活的场所，更是他们生命的依托；船上供奉着妈祖或别的神灵，所以在渔民的心目中，船是很神圣的。因而在船上绝对不能乱来，不能随处大小便，每条船的

后座左侧，专设"方便"的位置。如果劳作时很忙，可又内急要小便，渔民会用一段短而粗的竹筒代替尿壶，从宽大的裤管伸进去"方便"，等到手上的活忙完，再把竹筒拿到船后座的专门位置倒掉。宽大的笼裤，实际作用和民俗心理共存。

栲衫

栲衫

与笼裤相配套的上衣是栲衫，也叫"讨海衫"，用料和笼裤一样，也同样经过薯莨的浸染，呈赭色。栲衫的式样颇为特殊：是大襟左衽，即衣襟从左边开档，用布纽相扣，闽南语俗称"压裾衫"。

大襟式的栲衫，把身体最容易受寒的胸腹部全部紧紧遮挡，避免透风泡水，这对于常年在风浪中生产的渔民，起到了有效的保暖作用。另外，渔民摇橹扯帆放钓撒网，主要用力在右手。衣襟档口开在左边，避免被网眼缠绕绳线勾连，也便于劳动操作。

【近海养殖】

洞头海水养殖业发展历史悠久，不过，过去只是养点蛏蛏，采挖点紫菜，规模小，数量也不多。20世纪五十年代之后，养殖业有了大规模的发展，现在的洞头，以羊栖菜、紫菜、网箱养鱼即"两菜一箱"闻名全国，是"中国羊栖菜之乡""浙江省紫菜养殖基地",近些年,鲍鱼、刺参等高端水产品养殖业也有了发展。

紫菜

紫菜是一种营养丰富、味道鲜美的大型海藻,早在 2000 年前的汉代,就有关于紫菜食用的记载;北宋期间,紫菜是朝廷贡品;明代李时珍的《本草纲目》,把紫菜入药。当代医学科学揭示,紫菜富含碘、胆碱、钙及多种维生素、烟酸等,具有化痰软坚、清热利水、补肾养心的功效,可治疗水肿、慢性气管炎和咳嗽,并有防治动脉硬化及高血压之功效,受到大众的喜爱。

20 世纪六十年代以前,紫菜以野生采集为主,产量不多。洞头的养殖人员从 1967 年 3 月开始,采集野生紫菜作种苗进行人工养殖,获得成功,次年开始逐步推广。《人民日报》曾为此以半版的篇幅发表《泥腿子也能搞科学实验》的文章予以介绍。

50 年来,洞头的海洋水产部门和众多养民,在苗种更新、养殖模式、海区拓展、加工技术等诸多方面不断创新,养殖技术从传统的半浮动筏架养殖到深水插杆养殖,再发展到全浮翻转式养殖,拓展了养殖空间,利于机械化操作,减轻劳动强度,使全区紫菜的养殖规模、产量、质量等得到大幅度提高,成为"浙江省紫菜之乡"。从 2002 年起,又开展紫菜产业化示范工作,建立无公害养殖基地,并研发成功"坛紫菜智能烘干机",生产国家级绿色食品、省无公害农产品。

紫菜育苗一般在清明前后开始,白露后采苗放养,经一个半月的辛勤管理,始能收成。收紫菜如同割韭菜,可多次收剪,以收剪时间的先后,

分为不同的"水"：头一茬收剪的紫菜，称"芽头"，也叫"花水"，鲜嫩脆润，数量也少；以后每隔十天半个月剪一次，依次为"头水""二水"，以此类推，一般能收剪到五六"水"。收剪上岸的鲜紫菜经清洗、干晒，成圆饼或长条状。

紫菜可加工成紫菜丸、紫菜烙；可凉拌、冲汤；也可加入汤面、馄饨中。食用方便，口感极佳。

羊栖菜

羊栖菜又名海大麦，属马尾藻科暖温带性海藻，肉质肥厚多汁，营养丰富，既是食品，又是中药材，有"海里人参"的美誉。我国《名医别录》《本草纲要》都有以其入药的记载。

据现代科学检测，羊栖菜含有丰富的膳食纤维素、B 族维生素、17 种氨基酸及人体必需的矿物质。研究发现，这些有效成分具有软化血管、降低血压、血脂，改善血糖值、增进大脑健康发育、抗肿瘤等多种功效；羊栖菜同时还是极好的低热减肥食品，欧美国家称之为"现代饮食生活的理想食品"，日本推崇其为保健、长寿食品。

羊栖菜原为野生，大多附生于低潮带岩石上，产量低。从 1989 年开始，洞头养民试行人工养殖成功，逐步推广，渐成规模。经过 20 多年的发展，在新品种培育、养区拓展、养殖技术等多方面取得重大突破，使之成为国内规模最大的羊栖菜养殖、加工、出口综合基地，被命名为"中国羊栖菜之乡"。目前羊栖菜产品主要出口日本市场，国内的市场随着人们对羊栖菜保健功能认识的加深，销量逐年增多。

羊栖菜人工养殖一般在 10 月左右夹苗放养，5 月前后收获，晒干即为成品。羊栖菜除干品外，还加工成"长寿菜""长寿茶""羊栖菜酱"等多种即食、保健食品。即食羊栖菜可凉拌、热炒、煲汤，食用十分方便。

网箱养鱼

洞头的网箱养鱼，始于1986年，养殖的品种多样，有美国红鱼、鲈鱼、鮸状黄姑鱼、中国真鲷、大黄鱼以及石斑鱼等，也有虾蛄、梭子蟹的短期暂养。早期使用的传统网箱，由20多个3米见方的网箱组成一个单位，俗称"鱼排"，鱼排上建有管理房，供养民日常管理及自己食宿之所需。

近些年，随着科技的进步和养殖技术的成熟，出现了深水网箱和天然海域养殖。在洞头的鹿西岛，采用智能化深水网箱养殖模式的"黄鱼岛项目"和全国首个栅栏式天然海域养殖的"白龙屿生态海洋牧场"，在黄鱼养殖上取得成功，两家养殖场产出的黄鱼，色泽金黄、体型修长、口感鲜美，可与野生黄鱼媲美，市场认可度高。

两菜一箱展示

渔乡情

第三厅　闽瓯风情

这一厅陈列的，是洞头渔村的生活习俗。

【渔村场景】

一进展厅，首先看到的是渔村生活场景的复原展示：有渔家屋、虎皮墙、小街巷、店铺、鱼市；有织网的渔妇，剥虾米的老渔民。置身其中，令人有身临其境的感受。

虎皮墙

洞头渔村民居的建筑有地域特色：外墙用本地石头垒砌，石墙的色彩，米黄、浅红、灰褐间杂，犹如老虎身上的花纹，故称为"虎皮墙"。屋顶覆盖灰瓦，瓦片上压着小石块。这是因为海水海雾腐蚀性强，用石头砌外

迎头鬃

墙耐腐蚀、牢固；海岛大风多，瓦片用石块压着，防止被风刮跑。洞头各岛属丘陵地貌，山坡多，平地少，山路窄。洞头民间有两句俏皮话，叫做"路像裤腰带，瓦片石头盖"，说的就是这一情景。

迎头鬃

"迎"是巡游的意思；"头鬃"，闽南语原意指头发，引申为第一、领头。"迎头鬃"就是为捕捞产量第一名的渔船庆贺、巡游的民俗活动。过去年代，每年渔讯结束，鱼行会评出产量最高的渔船，举行"迎头鬃"活动。鱼行主给这条船的船老大送红包、猪头、老酒和头鬃旗，一路上敲锣打鼓；船老大在家门口迎接，摆酒席宴请渔行主一行和自己船上的伙计。酒席所上的菜肴中，必定有一盘全鱼；摆上桌时，鱼头一定要对着船老大；船老大先在鱼身上动筷子，其他人再接着吃。酒席结束，众人再次敲锣打鼓把头鬃旗挂到船上。现在渔村人家请客，仍有把全鱼的鱼头对着酒桌上最尊贵客人的习俗，其最早出处就源于迎头鬃。

渔村生活四大巧

新时期以来，"迎头鬃"被赋予新的内涵，成为表彰渔业生产先进单位的方式之一。区、街道领导为高产渔船送渔用先进仪器、挂丰产旗，激励渔民们来年再夺丰产。

【渔村生活四大巧】

第二厅展现了洞头民俗八大巧中的渔业生产四大巧，现在再来看这一厅展示的另外四大巧——渔村生活四大巧。

鸡鸭桌上叫

鸡鸭桌上叫

这里的鸡鸭，指的是冬至节渔妇们制作的米塑小吃，闽南语叫"鸡母狗粿"。以大米磨粉加食用颜料糅合，用手捏成鸡、鸭、猪、狗、兔等形状，其中母鸡孵小鸡是必做的，形状也最为传神。过去年代，渔村人家贫穷，渔妇在家养几只母鸡，用鸡蛋换取油盐酱醋。但那个时代经常闹"鸡瘟"，又不知道如何预防，就把希望寄托在神佛上。渔妇们在冬至节制作"鸡母狗粿"作为供品，祭拜灶神、土地爷，祈愿禽畜兴旺，来年不发生鸡瘟。冬至节这一天，家家户户都把自己家制作的"鸡母狗粿"摆出来，无形中成为渔妇们心灵手巧的一次比试。

熟饭用粉包

在洞头诸岛，每逢家里有重大喜事，都要制作一种叫"红圆"的民俗食品。红圆因红的颜色和椭圆的形状而得名。其做法是：糯米煮熟后拌花生、芝麻、葡萄干等为馅，糯米和粳米按比例混合磨粉，加食用红颜料糅合为皮，包成后在蒸笼内蒸熟即可。红圆在新屋上梁、孩子满月、老人寿诞以及其他喜事时都用到，象征红红火火、圆圆满满。过去渔村家庭没有冰鲜设施，红圆可以放置好多天，食用时切片油煎或隔水蒸热，味道很好，于是便有"熟饭用粉包"这一说了。

熟饭用粉包

猫耳朵下水煮

这里说的猫耳朵，可不是真猫的耳朵。它是用番薯淀粉作表皮，花生、芝麻、红糖拌和为内馅制作的甜点，三角形，中间凹陷像耳廓，如猫的耳朵，是洞头历史最为悠久的特色小吃。洞头各岛多山坡地，出产番薯；海岛气候潮湿，风寒病多发。这种甜食，用本地产品，针对本地人体质，适

猫耳朵下水煮

应海岛人驱寒祛湿的健身需求而制作。下水煮时，加姜丝、红糖。煮熟后，外皮微韧，内馅香脆，清汤滋甜，三者相得益彰，既有嚼头又能回味。尤其是渔民，经风历浪归来，吃上一碗热腾腾、香喷喷、甜滋滋的猫耳朵，在贫穷日子中寻找一丝甜蜜的感觉，身暖心更暖。

"美人儿"任你咬

每逢农历七月初七"七夕"节，洞头渔村讲闽南语的家庭，都要制作"美人儿"即"巧人儿粿"。"巧人儿粿"以米磨粉为原材料，加上食用红的颜色，糅合后在木刻印模上印出美女、状元郎的形状，是拜奉七仙女的供品。

闽南语尊称七仙女为"七星娘妈"。这一习俗的来源，还得提到七仙女的传说：王母娘娘装扮乞丐下凡到海边察访，看到一大户人家用糯米捣石灰砌坟墓，上天禀报；玉帝为凡间人糟蹋五谷食粮的行为而震怒，下旨那一带三年大旱，出现"人吃人"的惨景，以示严惩。七仙女得知后也下凡，了解到，用糯米砌坟墓的是狠心的财主，穷苦打鱼人吃的是野菜糠饼，就设计挽救。她教人们把米磨粉，印制人形模样的米粿来吃，度过了这场劫难。为了感谢七仙女施巧计免灾祸，大家把这种人形米粿叫作"巧人儿粿"，

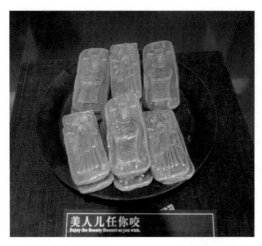

"美人儿"任你咬

年年在"七夕"节制作、祭拜，感恩七仙女。祭拜完毕，分给孩子作零食。在洞头海岛，"七夕"不仅是爱情节，主要还是孩儿节、16虚岁孩子的"成人节"，寄托着感恩和期盼孩子健康成长的愿望。

【百岛十二鲜】

百岛十二鲜介绍了独具洞头特色的地方菜肴。洞头渔村菜肴的特点是三为主：一是用材上，以本地产海鲜为主，配料较简单，不致喧宾夺主；二是加工上，以蒸煮为主，极少油炸，保持了海鲜的原味；三是营养上，以有食疗价值的鱼虾为主，在品鲜的同时有益于健康。

海鲜薯面

以番薯淀粉经摊煎后切成粗面条形状，加各种时令海鲜如鳗鲞、墨鱼、虾仁、蛤蜊等同炒，炒熟后加少许黄酒。

番薯粉面闽南语俗称"番薯粉煎"，温州方言称"银丝面"，滑溜润软，口感极佳，加海鲜后，山珍配海味，相得益彰。

芙蓉蛤蜊

野生蛤蜊脱壳后与鸡蛋同蒸，蒸熟后撒一把香葱即成。外形美观，滋味鲜嫩，营养丰富。

蛤蜊号称"天下第一鲜"。李时珍《本草纲目》等药书中，早就指出

百岛十二鲜

它有滋阴润燥、利尿消肿、软坚散结的功效。现代医药学实验表明，它有使人体内胆固醇下降的功效，食疗作用明显。

青椒鱼饼

以墨鱼内囊精华加工而成的墨鱼饼，是洞头的特产。取墨鱼内囊，雄墨鱼选其精巢，雌墨鱼选其卵巢和缠卵腺，合在一起捏碎调匀成浓胶体，然后取适量在油锅里摊煎成饼状，以慢火双面翻煎再入笼蒸熟即可。制成的墨鱼饼色泽微黄，口感鲜韧。

墨鱼饼因选料精心、制作精究，营养丰富而备受食客欢迎。将它与青椒、红椒、黑木耳等同炒，红绿黄黑，色彩纷呈，鲜香盈口。

牡蛎花开

以本地产野生牡蛎为主料，与面粉、鸡蛋、香葱等搅拌，摊煎后切成锥形，再按花瓣形状装盘。这个创意菜，形、色、味俱佳。

牡蛎也叫"蚝"，含有多种人体必需的氨基酸、维生素和锰、铁、钙等多项成分，有制酸止痛、养心安神、平肝潜阳的药效。

花菜炮胶

鳗鱼或鮸鱼的鳔晒制成鱼胶，切成小段，经盐炒或油氽，即成炮胶。炮胶营养丰富，民间作为滋补佳品。而洞头本地花菜，茎细长，花嫩脆，长期以来为食客所喜欢。两者汤煮，以黑木耳、葱段点缀，既养眼，又养胃。

葱油银鲳

鲳鱼肉厚刺少味佳，富含高蛋白、不饱和脂肪和多种微量元素，有降低胆固醇，预防冠状动脉硬化的作用，但又忌用动物油炸制。因此在渔区，一般以清蒸的方法加工，保持了原汁原味，使营养不致受到破坏。

脆皮水潺

水潺的学名叫龙头鱼，通体柔软，连骨头也是酥软的，是肥美实惠的海鲜。不过它的肉质松软，含的水分高。脆皮水潺的做法，是把水潺斜切成断片，以脆皮调料拌之，入油略炸即起锅，菜品呈卵黄色，松脆爽口。

鲈鱼豆腐

鲈鱼是近海的名贵鱼类，肉质细嫩爽滑，没有腥味；且因其含维生素A、B族及钙、镁、锌、硒等元素，有健身补血、健脾益气的功效而受到青睐。鲈鱼宜清蒸或炖汤。鲈鱼与豆腐同煮，豆腐富含植物蛋白，两者互融，汤色乳白，鱼肉细嫩，豆腐滑润。不但十分鲜美，且营养容易为人体吸收。

西芹鳗鲞

鳗鲞是鳗鱼的干晒品。鳗鱼是我国沿海重要的经济鱼类之一，交替生活在咸淡水交界海域，对所栖息的环境要求极严。其鱼肉肥厚细嫩，味道鲜美，含有大量的脑黄金、不饱和脂肪酸和钙，有强精壮肾、补虚养色、祛湿抗痨的功效，是人们喜爱的海鲜。在美国，它被称为"能吃的美容品"；在日本，每年举办鳗鱼节，吃烤鳗鱼、鳗鱼盖饭等。洞头渔场兼济瓯江和东海之利，水质又好，适合鳗鱼生长，所以产量颇高。生产加工的鳗鲞，以海风自然风干，保持了新鲜度，能保存较长时间。

将鳗鲞、西芹、红椒切成条状同炒，保持固有的营养，且又色泽鲜丽，滋味鲜美。

紫菜鱼丸

紫菜剁碎，墨鱼肉切成条状，以番薯淀粉搅拌至粘手，入锅汤煮。这是近些年紫菜的药膳价值被认识后的一道创新菜肴。比之用一般鲜鱼制作的鱼丸，更受食客青睐。

双圆合璧

这是肉圆和紫菜圆合一的菜肴。

过去洞头渔家请客，头一碗是汤圆，最后一碗是肉圆，象征圆圆满满。现在不少人怕发胖，不敢吃肉圆，紫菜圆应运而生。两圆同入一盘，祈福的心愿和健康的追求得以完美体现。

姜丝猫耳

猫耳朵是洞头的特色食品，以番薯淀粉与熟番薯拌揉后，加入馅料，做成猫耳朵形状，汤煮而成。馅料分甜咸两种，咸式猫耳朵以虾仁、瘦肉、香葱拌和，鲜甜可口。

【渔乡灯彩】

洞头渔区的灯彩种类众多，主要有龙灯、鱼灯、贝壳灯、马灯、鸟灯、水灯、空明灯等。由于移民地域的不同，讲闽南语和讲温州方言住民的灯彩，在制作方法、活动形式上也呈现得多姿多彩。

鱼灯

鱼灯最早是民俗踩街队伍的组成部分，配合大型舞龙灯活动进行巡舞，较少单独表演，20世纪六七十年代才逐渐从踩街队伍中独立出来，形成一定的表演形式。洞头鱼灯，过去都以竹篾扎架，外蒙白纸，再用不同色彩绘就；灯的底部中空，插置蜡烛以照明。近些年，也有以铅丝代替竹篾，扎成鱼虾轮廓，再用白布缝制喷涂色彩，中空部位改用干电池，这样的鱼灯保存时间能久长一些，满足多种民俗活动的需要。

洞头鱼灯的式样有两种。一种是仿真型鱼灯，仿照鱼类的真实形状和表皮颜色扎绘而成。品种多样，有黄鱼、带鱼、鲳鱼、墨鱼、鳓鱼等常见鱼类，还有螃蟹、海蜇、虾蛄、龙虾等水生动物，形象逼真，惟妙惟肖。这种鱼灯，主要流

各式鱼灯

传在岛上操闽南语的居住区，清代雍正年间从福建传入，至今有 300 年历史。仿真型鱼灯没有固定的表演程式，动作编排灵活性较强，表演幅度大，主要以各种鱼的展示亮相、在海中的巡游方式以及表演者的穿梭腾跃交错盘绕，来显示鱼类世界的生机蓬勃。

另一种是神幻型鱼灯，兽头与鱼身鱼尾结合。兽头分别为金龙、银龙、麒麟、犀牛、象、狮、虎、豹、鹿，再加上凤头，共 10 盏，式样固定。这种鱼灯从邻近的温州乐清市传入，也有 200 多年历史了，主要流传在操温州方言的住地。它的表演阵势，一部分脱胎于民间骨牌的花式，一部分源于日常生活。其名称有梅花阵、吆五阵、板丁阵、元宝阵以及剪刀阵、线板阵、十字阵、团团阵等。表演时，以响亮的唢呐"皇天叫"开头，继而欢快的锣鼓响起，引鱼灯表演者入场，从"元宝阵"开始，一个阵式接一个阵式，表演舒展，场面活跃。

鱼类是海岛住民生产的主要捕获物，也是他们赖以生存的物质基础；鱼与"余"同音，有生活富裕、年年有余的含义。鱼灯巡舞表演，既是海岛群众对大海的感恩，也表达了祈求丰收过上富裕生活的美好愿望；神幻型鱼灯还有祛邪驱恶的寓意，是渔区人民丰富艺术创造力的体现。

贝灯

洞头贝壳灯从福建泉州传入，源于在泉州流行的神人同乐"迎火鼎"游神踩街活动。每逢元宵节，"火鼎公"、"火鼎婆"合抬一口大锅子（闽南语把锅子叫做鼎），内置熊熊燃烧的木柴。随火鼎踩街巡游表演的有龙灯队、鱼灯队，还有就是贝灯队。洞头操闽南语的居民，不少来自泉州一带，迁徙后沿袭了这一习俗，至今已有 200 多年。

　　贝灯主要流传在洞头操闽南语的村乔，制作方法如鱼灯，常见的贝类品种有蛏子、淡菜、牡蛎、泥螺、西施舌等。其表演式样有两种，一种是手提式，以竹篾或铅丝扎成海贝的轮廓，再以纸糊彩绘或色布外蒙而成。另一种是背挂式，竹篾或铅丝分别扎出两片海贝的外壳，再以布或铅丝连缀，表演者将其系在双肩上，双手紧握壳内的把手。手提式贝壳灯的表演较简单，大多仿照鱼灯的表演方法。背挂式贝壳灯人贝合一，运用自如，以一张一合、或转或蹲的多种舞步，配合乐曲的节奏来表演，观赏性更强。

鸟灯

　　舞鸟灯的习俗，主要流传在洞头的鹿西岛，至今已沿袭400多年，有其特殊的历史文化内涵。鹿西岛居民的先人大多来自乐清、龙湾一带，讲温州方言，以打鱼为生，其迁徙的历史可远溯至明代。当时沿海常有倭寇、海盗作乱，渔民屡受其害。据鹿西岛老人相传，明万历十五年（1587年）农历十二月十二，渔民们都出海打鱼，那时的渔场在岛东北面的南北爿山附近，离鹿西岛不远。渔民离岛出海不久，一队海盗趁机偷袭鹿西，上岛后肆意抢掠，岛上在家的妇孺老幼根本没法与他们对抗。这时，在南北爿山岛上栖息的群鸟似乎感受到鹿西岛上发生的不幸，它们先是在渔船周围悲伤地鸣叫，然后纷纷飞到鹿西岛，奋不顾身地叼啄盗贼。渔民们经海鸟提醒，飞快驾船返岛，奋力与海盗搏斗，人鸟合力，终于把海盗赶跑。为了感谢通人性的海鸟，鹿西岛便有了舞鸟灯的民俗活动，代代相袭，以使子孙后代永远铭记：人要和海鸟友好相处，相亲相依。

　　鸟灯活动在每年农历十二月十二定期举行。鸟灯的制作方法与鱼灯贝壳灯相同，篾扎纸糊，涂以色彩，不同的只是形状。近些年制作讲究了，

篾扎纸糊之后，用鸟的羽毛来粘贴，形象更为逼真。鸟灯较普遍的品种有孔雀、白鹤、白鹳、海鸥、海燕等。其表演有特定的阵式：先以金龙、银龙灯领队，各种鸟灯分两列随后游走穿插，巡舞在村庄小路上。各种鸟时而作飞翔状，时而作歇息状，有的似引吭高歌，有的如昂首仰望，给人以栩栩如生的感觉。巡游队伍进入较为宽敞的场地后，锣鼓响起，灯队按照元宝阵、五星阵、天下太平阵等不同阵式，分别进行表演，场面十分活跃。

经过数百年的沿袭、继承和发展，现在的鸟灯活动增加了欢庆丰收、祝愿平安吉祥的涵义，活动时间除了农历十二月十二，在元宵及其他民俗活动中也时有举行。

马灯

与鱼灯、鸟灯以双手持撑来表演不同，马灯的马首和马尾分为两截，分别扎绘；表演时，马首捆在舞者的身前，马尾绑在身后，人马连为一体，边走边舞。洞头两种方言的居民，都有马灯活动，但其涵义和表演方式各不相同。

操闽南语居民的马灯活动，源自福建的永春县，至今已有250多年历史。据说当年永春遭受百年未遇的大旱，颗粒无收，百姓度日艰难。有一匹白色神马，不顾自身安危拯救灾民，至诚善举感动天地，终于使得雨水普降，旱情解除。永春百姓感念神马的功德，建了一座白马寺以祭拜，并每年举办马灯游艺活动以纪念。清乾隆年间，永春的一批移民迁徙到洞头的小朴村，沿袭老家习俗，也建了白马寺，保留舞马灯的活动。

小朴马灯队的马有12匹，以白色居多，再配以鱼灯队、锣鼓队、腰鼓队，加上别的辅助人员，整个队伍有150人。

马灯活动每年 3 次，除夕夜的马灯会，称为"迎春发财灯"，元宵夜的叫"风调雨顺灯"，农历八月初六的灯会活动叫"逢凶化吉灯"，这一夜活动后，马灯要在白马寺前焚化，所以也叫做"化马平安灯"。小朴村的马灯是集体性表演，以锣鼓配合，整个表演以圆形舞开始，再以圆形舞结束，寓大团圆之意。中间穿插各种舞阵，如龙滚水、马蹄奔等，马蹄的踢法也变化多端，有三角花、四角花、五角花等。

操温州方言居民的马灯活动，从邻近的乐清市七里港传入，由马灯戏演变而来。马灯队有 10 盏马灯，马的色彩各不相同。10 名舞马人穿皇宫人物服饰，分别扮演娘娘、国舅、太监、宫女、马头军等。整个表演队伍加上持彩旗的、提宫灯的、锣鼓配乐的，有上百人。表演的特点，一是集体走阵和娘娘扮演者个人独舞相结合；二是舞和唱相配合，既有独唱，也有组唱；除独唱表演外，其他的演唱，不仅是舞马灯人员配唱，跟随马灯队的所有人也随和伴唱，场面活跃热烈。每年的元宵节前后，马灯队在岛上各村舀巡回表演，连续五六天，很受群众欢迎。

【渔村生活老物件】

这一部分展示的，是洞头渔村群众过去日常生活的部分用品。

鸡角碗

20 世纪初洞头渔村群众用的稍好一点的碗，绘公鸡图案，色彩鲜艳，有喜庆感。闽南话把公鸡叫做"鸡角"，所以这种碗俗称"鸡角碗"。

鲎勺

用鲎的外壳做成的勺子。鲎是海洋中的活化石，两三亿年前就有了。

它的血液是蓝色的，可以作药品、食品工业的毒素污染监测剂。过去渔民家里没有冰箱，把剩饭剩菜放到鲨勺里，可以保存好几天。

粿印

印制"红龟""巧人儿粿"的木模具，用硬杂木雕刻各种图案，大多为美女、状元郎、寿龟、寿桃、鱼等。过去的渔村，几乎家家备有这种木模，以应民俗节庆活动之需。

木屐

过去渔家生活穷困，穿不起鞋子，除了草鞋，就是木屐。木屐用硬杂木锯削成鞋底模样，刨平，再在木屐靠前头的两侧钉上粗布带，讲究一点的，用旧皮带、破旧轮胎剪成宽带钉就。

背巾和花被

过去渔村有女儿出嫁，娘家的陪嫁品中，大多有这种花被、背巾，为以后小孩子出生，把孩子背在后背上使用。背巾用蓝色粗布做成，

鸡角碗

鲨勺

木屐

宽近40厘米，长达八尺，使用时作绕腰捆绑；花被为正四方形，印有蓝白相间的花纹。是在孩子睡着后覆盖用的，防备风吹着凉。

背巾和花被

第四厅　非遗奇葩

这一厅展陈的，是洞头区列入国家级和省级非物质文化遗产名录的项目。

洞头区地域面积不大，人口也不多。不过，由于地处海岛，海洋风味浓郁；先民来自多地，闽南与东瓯文化交融，因而形成了独特的民俗风情，非物质文化遗产丰厚。到2016年底，洞头区列入国家级"非遗"名录的项目2个：即民间文学类的"海洋动物故事"和民俗类的"妈祖祭典"。列入省级的12项：民间文学类的"洞头海岛气象谚语"，传统舞蹈类的《贝壳舞》《鱼灯舞》，传统音乐类的《龙头龙尾》《道教音乐》，传统技艺类的贝雕，民俗类的陈十四信俗、七夕成人节、东岙普度节、迎头鬃。

另有市级名录28项、区级名录68项，以表格列出。真可谓琳琅满目，蔚为大观。

非遗奇葩厅

【海洋动物故事】

海洋动物故事，是以海洋动物鱼、虾、蟹、贝等为主人公的民间故事；它的主要特点有两个：一是动物的拟人化；二是动物之间关系的社会化。它是渔区广大人民群众在长期生产、生活实践中的集体性创作，主要以口耳相传的方式，长期在海岛渔区流传。我国从辽东半岛到西沙、南沙群岛，都有这类故事。

洞头区从1979年开始发掘，历经近20年，采录到了100多篇海洋动物故事，出版了多本专集，其中的《东海鱼类故事》获全国首届民间文学优秀作品二等奖，《洞头海洋动物故事集》获浙江省民间文学"映山红"奖一等奖。2011年6月，洞头海洋动物故事被列入国家第三批"非遗"名录。

海洋动物故事

在展馆，可以看到海洋动物故事《墨鱼治鲸》的动漫片。

鲸鱼在海中称王称霸，小鱼虾们十分害怕。墨鱼勇敢迎战，喷出一阵一阵墨烟，逗引得鲸鱼满海转。待等鲸鱼晕头转向时，墨鱼跳到它的头颈上，狠劲叮咬，咬出了一个小洞，鲸鱼连声求饶，答应再不欺负弱小。不过，它头颈上的小洞却好不了，时不时地会喷出海水来。

这个故事，利用墨鱼和鲸鱼的生活习性设计情节，说明了强暴者并不可怕，弱小者只要充分发挥自身优势，照样可以战胜它的道理。

在展厅里，除了观看动漫故事片，还可以使用耳机声屏，选听摆放着的海洋动物故事书上的故事。

【妈祖祭典】

妈祖是民间信奉的海上航运女神。妈祖名林默，北宋时福建莆田湄洲岛人，平时扶贫济困、救助海上遇难乡亲，很受大家爱戴。她羽化后，乡人建庙纪念，尊之为神。以后历代朝廷都有封敕，直至被封为天上圣母，所以，奉祀她的宫庙大多称为"天后宫"。一千多年来，妈祖信俗随着华

妈祖平安节展区

人的脚步走向世界，目前，全世界有妈祖庙 5000 余座，信众两亿多人，形成独特的妈祖文化，成为炎黄子孙文化认同的心灵纽带。

　　洞头的妈祖信俗源自福建，全区有天后宫 11 座，妈祖与陈十四合祀的庙 11 座，分布密度高。每年农历三月二十三妈祖诞辰、九月初九妈祖升天日，各宫庙都有仪式完整规模不等的祭典活动。2011 年 6 月，洞头的妈祖祭典列入国家第三批"非遗"名录（扩展项目）。

　　在各个天后宫传统式祭拜的基础上，洞头区从 2010 年开始，在农历三月二十三妈祖诞辰日举办"妈祖平安节"，内容包括集体祭拜、妈祖巡游、文艺演出、美食展示、平安宴席等，把民间信俗和海岛旅游结合起来，让更多外地游客现场感受渔村信俗。每一届妈祖平安节，除了本地的信众，还有许多来自台湾、福建及浙江各地的信众和游客。

展厅以沙盘模型再现"妈祖平安节"的祭拜盛况。

【龙头龙尾】

传统音乐类的《龙头龙尾》，属于民间吹打乐曲，由长期在洞头流传的四首民间曲牌《水波浪》《龙头》《龙尾》《状元游》连缀而成，以龙的腾跃飞舞贯串始终，展现渔村群众乐观向上的精神状态和对盛世丰年的祈盼。

洞头操闽南语居民的先祖，在从闽南迁移到洞头时，不仅带来了原住地的生产工具、生产方式，也带来闽南的民俗风情和民间乐曲。这些乐曲中的喜庆曲牌，专在结婚、祝寿以及敬拜天公神佛的仪式上演奏。20世纪50年代初，洞头的民间艺人，在党的"百花齐放，推陈出新"文艺方针指引下，创作热情勃发，组织小型乐队，精选喜庆曲牌，形成新的吹打乐曲，来反映对解放后新渔村新生活的感受。

演奏《龙头龙尾》的仅5个人，乐器为唢呐、大鼓、小钹、铜钟、中锣；演奏技巧吸收了传统的大鼓"足擂法"和小钹"旋转法"，把乐曲演绎得更为完美。1957年，洞头民间艺人携这首乐曲，从市、省演到北京，一路参赛，一路获奖，好评如潮。在京期间，他们被请进了录音室，把《龙头龙尾》灌成了唱片，后来还传到了当时的苏联。不久，总政歌舞团又派人前来学习，小乐队的民间艺人们喜滋滋地手把手教会了他们。

展厅展示了当年演奏的乐器。站在罩音屏下，可以欣赏《龙头龙尾》的演奏曲。

【道教音乐】

洞头闽南方言区的道教仪式，分为"做敬"和"做功德"两大类，与之相对应的伴奏音乐曲牌，也主要有喜庆类和哀伤类两种，有近百首之多，都具有明显的闽南特征，已经流传200多年。

洞头的道教音乐和平阳县的道教音乐合并为一项，列入浙江省省级"非遗"名录。在罩音屏下可以欣赏乐曲选段。

【贝壳舞】

贝壳舞源自"神人同乐"迎火鼎活动的贝灯。贝灯巡游在洞头已有两百多年历史，20世纪50年代初，洞头民间艺人和文化工作者合作，从海洋动物故事中汲取营养，对贝灯提炼充实，使之成为有故事情节、能在舞台和广场表演的民间舞蹈《贝壳舞》。

《贝壳舞》的情节颇具情趣：风和日丽的日子，一群海贝在金色沙滩欢舞，为相恋已久的蛤蜊和花蚶筹备婚礼。突然，凶恶的螃蟹来了，掳走并残害了幼弱的小海螺，钻进螺壳混进贝群，伺机再次逞

贝壳舞与贝雕

凶。机灵的蛏大姐识破了螃蟹的伪装，带领贝群与它进行了拼死争斗，终于战胜螃蟹，海滩重又恢复了宁静。

《贝壳舞》在舞蹈语汇的设计方面有创新：既保留了贝灯巡游时传统的"圆场"步法，又根据不同海贝的生活习性，新创了"跳走"、"游走"、"横走"等动作；既保留了背着贝壳张合蹲转的传统身段，又从舞台表演的需要出发，设计了脱下外壳舒展曼舞的新场景。伴奏音乐则大量采用民间音乐如《哪吒走云》、《朝天子》、《黄蜂出洞》等传统曲牌，使整个舞蹈洋溢浓郁的海洋韵味和生活气息。

1957 年 1 月，《贝壳舞》在市、省民间音乐舞蹈演出中荣获一等奖；1959 年 7 月，又赴京参加文化部举办的八省市、自治区音乐舞蹈汇报演出。这以后，《贝壳舞》成为洞头文艺演出的保留节目，常演不衰。20 世纪 50 年代，浙江歌舞团还把《贝壳舞》的伴奏音乐改编成了器乐演奏曲。

展厅放映《贝壳舞》的视频。曼妙的舞姿，生动的演绎，给人留下难忘的印象。

【贝雕】

贝雕是洞头海岛特有的传统美术的一种。从贝串、贝堆、贝雕画、贝雕镶嵌到圆雕，已有 100 多年的发展历史。

贝雕

　　海岛人很早就已选用色彩鲜艳、造型奇特的贝壳，或以单体作摆件，或穿成串挂颈项、手腕作为装饰品。20世纪50年代初，洞头二轻系统下属的服装社工人，尝试将贝壳粘叠成山水、动物等贝堆工艺摆件，批量生产，推向市场。1970年贝雕工艺厂成立，陆续开发系列产品，其中尤以贝雕画见长，不但行销国内，还远销东南亚和西欧。1992年，该厂30多个品种3200多件贝雕画屏运抵西班牙，以应巴塞罗那奥运会之需。新时期以来，以镶嵌手法开发了式样众多的工艺品、纪念品、日用品，受到市场欢迎。

　　展厅以实物展示介绍了贝雕画生产的工艺流程：从图纸设计、分解、贴料、打粗坯、精雕到组合成品等多个阶段；还展出了不同时期创作的贝雕画以及借鉴石雕、木雕工艺手法创作的圆雕作品，这些佳作，曾多次在省市展览中获高奖。

【陈十四信俗】

　　陈靖姑，又名静姑，唐代宗时期福建古田临水村人，正月十四出生，浙南一带信众尊称为陈十四娘娘。

　　陈靖姑的传说极具传奇色彩：她生前善于医病救产、降雨解灾、斩妖除怪；羽化后能安胎送子、催产扶幼、护国佑民。故尊称极多，如临水夫人、顺天圣母、顺懿夫人、天仙圣母等，是浙南、闽北、两广、台湾民众以及东南亚、欧、美华侨民间信奉的妇婴

陈十四信俗

保护女神。

洞头有奉祀陈十四娘娘的"太阴宫"10多座，每逢正月十四诞辰日，都有较大规模的祭拜活动。

霓屿岛上的太阴宫，建于1602年，已有400多年历史，其最盛大的祭祀活动是"太阴圣母陈十四娘娘出巡"，60年举办一次，每次连续3年。出巡前，先要在太阴宫内做七天七夜的《南游》大戏，演绎的是陈十四娘娘斩蛇妖的故事。出巡时间大多在正月十五，出巡人员少则数十人，多则一二百人；大锣开道，令旗引领，吹奏号角，燃放鞭炮，抬着陈十四娘娘金身，配以护伞、幡联、纱灯、香炉、鼓乐队、秧歌队紧随，场面很是壮观。出巡路线一般在浙南一带，如瓯海、龙湾、文成、泰顺、青田、丽水等地；所到之处的庙宇也举行祭祀仪式，沿途的信众列队相迎，献上祭品。

【七夕成人节】

在我国大多数地区，"七夕"是情人节，也是少女的"乞巧节"。不

七夕节幻影成像

过在洞头民间，却主要是"孩儿节"，是16虚岁少年的"成人节"。展厅用幻影成像的直观方式，再现了这一习俗。

幻影成像第一幕，呈现的是家家户户的传统祭拜。每逢"七夕"傍晚，洞头讲闽南话有小孩的家庭，都要祭拜七仙女即"七星娘妈"。

祭拜的基本程式是：祭桌（以八仙桌为佳）安放在自家庭院天井或屋门前，桌脚用条凳或厚木板垫高，使之与地面有一定的距离。桌上摆放七双筷子、七盏酒盅（也有的摆三盅酒、三盅茶，不摆筷子）；祭品中，必备"七星亭"和"巧人儿"粿，还要有各种干果、熟食、丝线、胭脂粉，均以七计；另有七朵鲜花，一般为凤仙花，洞头俗称指甲花。

家里孩子满16虚岁，除了以上供品，还需红龟、红圆各16个，煮熟的公鸡一只。红龟的原料和做法同红圆，只不过是扁形的，在木模上印出寿龟的图案；至于公鸡，如果行成人仪式的孩子肖鸡，或者家庭经济条件差，可以用米鸡替代。祭拜时，主妇点燃七支香，跪拜祈福："七月初七天门开，七星娘妈坐莲台；有花有粉请你来，保佑姆儿快快长大免祸灾。"然后与孩子一起，面向"七星亭"，双手合掌祷告，祈求七仙女保佑。祭拜完毕，待香烛燃点过半，再烧金银纸，焚"七星亭"，放鞭炮。撤供后，供品中的熟食重新回锅加热，全家人合吃。红龟和红圆分送给至亲近邻，表示孩子已长大成人，今后过年不必再送"压岁钱"；有的人家亲戚朋友多，家境又好，红圆多到要备几十个分送的。公鸡的吃法更有讲究：要事先从山上地里采集花生根、车前子草根、朴树根和泽兰的茎，洗净合煮，滤根留汁，待祭拜完毕后与公鸡同煮，让16虚岁的孩子吃，意为从此成丁了，长根了，今后能茁壮成长。

家里的小孩还未到 16 虚岁的，祭拜仪式和供品大致相同，只是不摆红龟、红圆和公鸡，增加用红丝线串铜钱或串长寿螺贝壳的挂件。祭拜完毕，挂件给孩子佩戴。巧人儿粿给孩子分食。

幻影成像第二幕再现的，是在传统祭拜的基础上举办的"七夕民俗风情节"。洞头的东屏街道，是浙江省首批旅游强镇，从 2008 年开始，每年举办一次七夕成人节活动，以成人礼祭拜仪式为核心，辅以民俗文艺演出、民俗踩街、篝火狂欢、渔歌赛唱、感恩盛宴等多样活动，吸引了大批外地游客。节庆活动为古老的习俗注入了现代元素，增添了"非遗"传承的活力，扩大了海岛旅游的魅力和影响力。

【东岙普度节】

福建泉州一带，过去有在农历七月十五"中元节"做普度的习俗，为的是超度亡魂饿鬼，使他们得以早日解脱，避免在人间作祟。洞头的许多先民从泉州迁入，也带来了这一习俗。

东岙渔村的普度节，经过 200 多年的传承，已独具本地特色。一方面，本地渔民在海上生产，常会遭遇狂风巨浪，发生海

东岙普度节

难事故，有时连尸体都难以找到；另一方面，在海上也会碰到因海难死亡的外地无名尸体，需带回岸上安葬。为了使这些海难者的灵魂有个归宿，不至于成为孤魂野鬼；也为了日后自己的船只在海上作业能平平安安，由东呑和东呑顶两个村的白底船船老大领头，在东呑村海边观音大士庙举办做普度仪式。一开始沿袭的是泉州的习俗，定期于农历七月十五；后来涉及到渔汛，延至七月廿四，同样称"中元普度"。

普度节的程式较为固定，主要有做"请水公德"、顺沿、放水灯、化火兽、放沿口、布施、送普度公等，最特别的是普度节还有一项内容——牵攢，其他地方较为罕见，是专门为在海上遇难的亡灵超度的，体现了普世大爱。

【非遗的保护和传承】

随着时代的变迁、社会的发展，"非遗"的传承显得十分紧迫。以海洋动物故事讲述人为例，30多年前能讲这类故事有大几十人，现在呢，这些人中剩下的不到10个。过去家家户户都能做"巧人儿粿"、"鸡母狗粿"、红圆，现在大多只是上市场购买；至于优秀习俗的来源、内涵和积极意义，大多年轻人是语焉不详。

我们想通过对"非遗"的展示，表达继承优秀传统文化，与海洋和谐相处，实现可持续发展的认知和寻求，进一步增强参与"非遗"保护工作的自觉性，发挥"非遗"在经济发展、社会进步过程中的作用，为建设"海上花园"贡献力量。

望海楼夜色

六、诗文琳琅铺锦绣

现代骈文

望海楼赋

魏明伦

煌然一楼拔海而起，翩然半屏傍岛而开。海是鱼鳞世界，云是禽鸟天堂。港是舟樯森林，楼是人文舞台。海景登临处，文化制高点。重修楼貌崭新，原址楼龄古老。屈指记岁，洞头此楼，乃黄鹤楼之弟[1]，滕王阁、蓬莱阁之兄也。莽莽神州，滔滔江海。多见望江楼，不乏望海楼。而登楼真能望

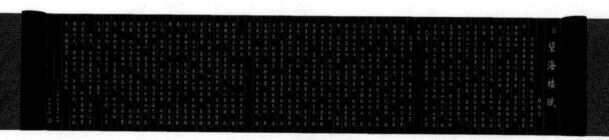

望海楼赋碑文

见大海者几许？望大海且望百岛者，只洞头一家乎？海上仰望楼，海楼一体；楼上俯望海，海天一色。碧霄众星拱月，蓝海百岛朝楼。雨后斜阳，横空七色如桥之虹；楼前旭日，跨海七座如虹之桥。彼岸诗人，凭栏题咏[2]：洞天福地，从此开头！巴蜀小鬼，登楼感悟：洞察今古，头顶风云也！

风萧萧，云缦缦，楼巍巍，海茫茫。水国潜蛟卧龙，舞台出将入相。闽瓯移民，魏晋渔父，南朝太守，中唐刺史[3]，抗倭英烈，反清郡王[4]，古时循吏，现代儒将，海防卫士，巾帼民兵。穿时越空而聚，踏波逐浪而来。琅琊颜延之[5]，海楼创建人。风尘仆仆，雄心勃勃。开辟文雅旅游业，筑成立体山水诗。雄伟炮台山，威武戚继光。倭寇闻名丧胆，海盗望风披靡。南练鸳鸯阵[6]，北击狐狸蛮[7]。此岛并非钓鱼岛，我军长颂戚家军！峻峭大瞿屿[8]，悲壮郑成功。田横五百死士，郑森五万哀兵[9]。带孝祭母，缟素抗清。遗址演兵场，新修响雪亭。传闻素雪波涛吼，仿佛白袍鼙鼓声。军号穿雷电，书法舞龙蛇。张爱萍文韬武略，洞头洋捷报凯歌。壮年率虎旅，电波急传将军令[10]；耄耋挥羊毫，墨宝嘉奖女子连[11]。洞头月霞[12]，银幕海霞[13]。经典歌曲播天外[14]，渔家姑娘在海边。浩劫折磨，电影坎坷。黑手扼杀，铁骊抗争[15]。洞头至今留佳话，海霞恒久载史书。

今朝游此，满目琳琅。欣闻半岛工程，畅想海上花园[16]。四围巨变，一赋难描。望海楼望何？求索者求真。或以蠡测海，或据汛观潮。赏海景胸襟开朗，望汪洋哲理升华。忆精卫填海，哪吒闹海，张羽煮海，鲁连蹈海，鉴真渡海，妈祖佑海。望情海深沉，爱河宽阔。海誓山盟，生如游鱼比目；海枯石烂，死化蛱蝶双飞。望商海腾腾，财源滚滚。下海淘金，多少家富可敌国？回头望岸，可有人食不果腹？望宦海浮沉，朝晖夕阴。昨宵台上权贵，今晨阶下囚徒。皆因欲海难填，结果苦海无边。望云海变幻，雾霾弥漫。忧林海减绿，花海成漠。盼松鹤遐寿，海屋添筹⑰。望人海熙攘，祝人性复苏。海涌真善美，浪淘假恶丑。独立之精神，楼高千仞；自由之思想，海纳百川。望星海辉煌，银河浩瀚。鸿濛玄秘，宇宙无穷。比小小寰球，区区人类。沧海一蜉，太仓一粟耳！

然则，粒米蕴藏大千世界，滴水汇进历史长河。悠悠自然法则，环环生命链条。躯体可化，精神不灭。昂首作人，不枉此生；登楼悟道，不虚此行也！

二〇一六年盛夏苦吟成骈

深秋改定

魏明伦在望海楼

简注

① 洞头此楼，乃黄鹤楼之弟：黄鹤楼始建于三国时代东吴黄武二年（223年）。滕王阁始建于唐朝永徽四年（563年）。蓬莱阁始建于北宋嘉佑六年（1061年）。温州望海楼始建于刘宋元嘉十一年（434年）。晚于黄鹤楼，早于滕王阁、蓬莱阁。

② 彼岸诗人，凭栏题咏：2010年，台湾诗人余光中游览洞头，题词"洞天福地，从此开头"。

③ 南朝太守、中唐刺史：指南北朝永嘉太守颜延之，中唐温州刺史张又新。

④ 反清郡王：指郑成功，曾封延平郡王。

⑤ 琅琊颜延之：颜延之，山东琅琊人。古典山水诗领军人物，中国山水旅游的拓荒者。曾开发桂林山水。元嘉十一年，任永嘉太守，在洞头列岛修建望海楼。

⑥ 南练鸳鸯阵：鸳鸯阵是中国古代军事阵法。明代戚继光抗倭，根据东南沿海地形创立此阵，以形似鸳鸯而得名。

⑦ 北击狐狸蛮：明万历元年，北蛮鞑靼小王子勾结董狐狸侵犯明朝疆土，戚继光率兵平乱，击溃董狐狸。

⑧ 峻峭大瞿屿：大瞿岛，洞头列岛重点风景区。岛上有郑成功演兵场遗址。清顺治十五年，郑成功部攻克温州磐石卫后，曾在大瞿、大门等岛屿练兵半年。为辞赋行文方便，写为大瞿屿。

⑨ 郑森五万精兵：郑成功原名郑森，被隆武帝赐明朝国姓朱，赐名成功，合为朱成功，百姓称为"国姓爷"。

⑩ 电波急传将军令：1952年元旦后，中国人民解放军浙江军区兼七兵团司令员张爱萍，电令温州军分区官兵出击，攻克洞头列岛，全歼国民党残部。

⑪ 墨宝嘉奖女子连：国防部部长、国务院副总理、书法家张爱萍上将，曾于1990

年8月11日题赠洞头先锋女子民兵连："英姿飒爽女民兵，紧握钢枪守海疆"。

⑫ 洞头月霞：指洞头先锋女子民兵连首任连长汪月霞，小说《海岛女民兵》和电影《海霞》女主角的原型。

⑬ 银幕海霞：1972年，南京军区作家黎汝清，以洞头女子民兵连和汪月霞为原型，创作长篇小说《海岛女民兵》。电影导演谢铁骊深入温州洞头生活，根据小说改编为电影文学剧本《海霞》，由北京电影制片厂拍摄。

⑭ 经典歌曲播天外：电影《海霞》插曲《渔家姑娘在海边》，由王酩作曲、陆青霜演唱，传播甚广。

⑮ 黑手扼杀，铁骊抗争：1975年，电影《海霞》被江青把持的文化部刁难扼杀，影片的底片和样片全部查封。编导谢铁骊不服，三次大胆写信向高层申诉，反驳江青与文化部的无理封杀。第三封是直呈毛泽东，引起毛泽东重视，在信上批示："印发政治局各同志"。后由邓小平主持，政治局审看《海霞》，批准上映。"海霞事件"在中国现代电影史及文艺史上都有较大影响。

⑯ 欣闻半岛工程，畅想海上花园：洞头小县办大事，敢为天下先。近年完成"半岛工程"，提出"建设海上花园"的战略。

⑰ 海屋添筹：成语。古代传说"海中有楼，内贮世人寿数。用筹插在瓶中，仙鹤衔筹添入瓶中，则可多或百年。"后以海屋添筹喻长寿。

明媚春光溢满楼

楹联

> 威形浩荡，桥连绿岛横天地；
>
> 古韵苍茫，楼接青霄溯晋唐。

简介：作者刘育新（1939～），生于天津，迁居吉林辽源，现定居北京。中国作家协会会员，中国楹联学会第五届副会长兼秘书长。发表《楹联文学地位谈》《款识杂谈》等论文、随笔100余篇；出版长篇小说《临界》《天狼》《古街》等9部，其中《古街》获首届老舍文学奖。

该联为2005年望海楼重修时所作，悬挂于主楼一层正门两侧立柱上。为中国书法家协会原副主席、浙江省书法家协会原主席、西泠印社原副社长朱关田（1944～）书写。

简注：上联赞眼前之胜境，登楼眺望，温州（洞头）半岛工程与蓝天、碧海相融，桥堤纵横，岛岸逶迤，"威形浩荡"，一览全收。下联则抒思古之遐情，"楼接青霄"，既喻望海楼状貌之高邈，亦指望海楼历史之古远，其韵苍茫而直溯晋唐。联语端庄大气，时空交叠，犹见人事沧桑。

> 天地启斯文，教光禄兴亭，琼楼炳海；
>
> 沧桑原正道，应明公主邑，蓬岛排烟。

简介：作者常治国（1941～2016），原籍河北肃宁，定居北京。楹联艺术家。曾任中国楹联学会第六届副会长。著有《胜迹名联三百副笺注》《中南海古迹楹联注释》《天下名胜八景》等楹联专著。

该联为2005年望海楼重修时所作，悬挂于主楼一层北门立柱上。为中国楹联学会原会长孟繁锦（1939～2014）书写。

简注：起句气势不凡，古人云"斯文在天地，至乐寄山林"，联语循

其意而用之，谓凭藉天地之灵秀而肇启望海楼之史牒，遂有永嘉（温州）太守光禄大夫颜延之兴建望海楼之举，令其焕炳于沧海之上。下联发"沧桑原正道"之感叹，令思绪游引于现实，惟明达者主政，方教"蓬岛排烟"，琼楼重辉。"蓬岛"，喻百岛洞头；"排烟"，犹冲霄。联语道古稽今，言远合近，文亦雅健。

> 亭馆已沉湮，空凌文武千秋事；
>
> 海天新耸立，胜占东南第一楼。

简介：作者常治国，见前。

本联选自《楹联集萃》。

简注：上联以"空凌"慨叹：当年望海楼圮毁后，有名无形，越过千年，其间多少事，无从见证。下联以"胜占"赞诵，如今盛世复建，海天立证，无愧誉满东南。历史与现实，信手拈来，熔于一炉。

> 望中百岛烟霞，仙客迎来阆风苑；
>
> 海上万家花树，渔人留住武陵源。

简介：作者王翼奇（1942～），字羽之，原名萧佛寿，祖籍福建南安县，现居杭州。曾任浙江古籍出版社副总编辑兼《作文报》总编辑，中国辞赋家协会副主席，中国楹联学会常务理事。著有《绿痕庐诗话·绿痕庐吟稿》《王翼奇骈文集》等。

该联为2005年望海楼重修时所作，悬挂于主楼一层北门立柱上。为浙江省书法家协会原主席、西泠印社原副社长郭仲选（1919～2008）书写。

简注："阆风苑"，典出晋·葛洪《神仙传》；"武陵源"，典出晋·陶渊明《桃花源记》。由视野之中的"百岛烟霞"、碧海之上的"万家花树"，触发遐思，联想至玉楼星峙、金阙霞飞之阆苑；闾巷扫花、渔樵乘水之武陵源。运用浪漫与现实相结合的写作手法，人物典故，信手拈来，雅致流丽。

> 亭馆纵无旧制，心赏未空，胜事肇南朝太守；
>
> 楼台更起层峦，景观尤壮，遥襟听东海洪涛。

简介：作者卢前（1943～），字葆光、好莫干山民，浙江温州人。中华诗词学会会员，馀不诗社社长，莫干山书画社社长。诗联书画篆刻等作品收入《中国名联辞典》《当代名家墨迹》《当代篆刻家辞典》《中华诗词》等。

该联为2005年望海楼重修时所作，悬挂于主楼一层东门立柱上。为浙江省书法家协会主席鲍贤伦（1955～）书写。

简注：上联稽古。"旧制"，犹"遗制"，指前代建筑之形式。"心赏未空"，典出唐代张又新于宝历年间任温州刺史时，前来寻找望海楼未得，写下"灵海弘澄匝翠峰，昔贤心赏已成空"之诗句。联语反其意而用之，谓心绪依旧，浮想逸翩。"胜事"句，则述南朝太守颜延之肇建望海楼之史实。下联揆今：望海楼矗立于层峦，其遒壮之景象，令人遥襟甫畅，逸兴遄飞，聆听东海之洪涛。复善言典故，雅语为颂，清境亦阔。

> 问江畔三楼，谁能望海？
>
> 临洞头百岛，我欲骑鲸。

简介：作者李海章（1943～），江苏射阳人。中国楹联学会会员、对联文化研究院研究员，江苏省楹联研究会理事。著有《中国近现代史联话》《古今名人联话》《张謇楹联辑注》等。多次在海内外各种诗联大赛中获奖。

望海楼重修期间举办"重修望海楼全国征联大赛"，此联荣获二等奖，悬挂于望海楼主楼五层南门立柱上。为浙江省书法家协会副主席林剑丹（1943～）书写。

简注：联语以设问起句，先声夺人。"江畔三楼"，当指湖北黄鹤楼、湖南岳阳楼、江西滕王阁江南三大名楼，其均依江而不可"望海"，此乃写实之笔，凭藉望海楼之地理优势，使之别具一格而与历史名楼相媲美。下联则置身于百岛洞头，如此美景竟生骑鲸之欲。"骑鲸"，典出西汉·扬雄《羽猎赋》，以喻畅游仙境。联语遣词浪漫，想象奇特，运笔如勒石，字字不虚。

> 仰层檐抱月，曲槛横云，气吞吴越三千里；
> 俯灵海奔涛，遥天返棹，名贯东南第一楼。

简介：作者叶子彤（1944～），上海市人。现任中国楹联学会副会长兼学术委员会主任、诗赋委员会主任，《中华辞赋》特邀编委。长期从事诗词联赋创作和理论研究，作品镌刻于多地名胜古迹，著有《澹月斋文集》等。《联律通则》《清联三百副》等书的执行主编之一。

该联为2005年望海楼重修时所作，悬挂于主楼一层正门立柱上。为中国书法家协会原副主席、中国军事博物馆原馆长李铎少将（1930～）书写。

简注：起句一"仰"一"俯"，由低而高，由近及远，由"层檐""曲槛"引向"灵海""遥天"，且着以"抱月""横云"，烘托望海楼之瑰丽、伟岸；以"奔涛""返棹"，描绘望海楼景致之幽美、恢阔，遂由景入情，发出"气吞吴越三千里""名贯东南第一楼"之概叹，气势恢弘。联语运笔庄重古雅，有铿锵之韵，对仗工整，稳切斯楼。

七碗风生唧雪浪；

一壶春满醉烟楼。

简介：作者叶子彤，见前。

此联作于 2007 年，悬挂于望海楼主楼西南侧的品茗阁。为湖北省文联主席、茅盾文学奖获得者熊召政（1948 ～ ）书写。

简注："七碗风生"，化自卢仝《饮茶诗》："七碗吃不得也，唯觉两腋习习清风生。蓬莱山，在何处？玉川子乘此清风欲归去。"七碗饮罢，浮爽气，漱芳津，令人生风唧浪。"一壶春满"句，茶香伴着春色，泛浓华，发清吟，教人陶醉怡悦。"雪浪""烟楼"，稳切望海楼之主题。联语古朴含蓄，颇具文人雅趣。

百岛联珠，菀菀苍苍，浮东海而生万象；

一楼称胜，麟麟炳炳，峙南天以证千年。

简介：作者蒋有泉（1945 ～ ），浙江奉化人。现任中国楹联学会会长兼秘书长，野草诗社副社长兼理事长，中国新闻学院中外文学研究所副所长。历年来，公开发表诗、联作品 500 余首（副）。

该联为 2005 年望海楼重修时所作，悬挂于主楼一层西门立柱上。为浙江省书法家协会原副主席俞建华（1944 ～ ）书写。

简注：上联写景，百岛恰如珍珠衔联，镶嵌于海面，"菀菀苍苍"，一望无际。"浮东海而生万象"，则化自苏轼"荡摇浮世生万象，岂有贝阙藏珠宫"之诗句。下联言楼，望海楼乃"峙南天"之胜迹，"麟麟炳炳"，见证千年沧海桑田、星移斗转之变幻。联语首尾以数量词呼应，叠词点缀其中，饶有生趣。

往事越千年，晋唐高致容怀古；

沧波浮百岛，天地奇观待写真。

简介：作者吴亚卿（1945～），号未立斋，浙江德清人。浙江省楹联研究会副会长，浙江工业大学教授。著有《未立斋吟稿》《未立斋词选》《未立斋联语》《浙江名胜留题》等。

该联为2005年望海楼重修时所作，悬挂于主楼三层南门立柱上。为浙江省书法家协会原副主席王冬龄（1945～）书写。

简注："往事越千年"，语出毛泽东"往事越千年，魏武挥鞭，东临碣石有遗篇"之词句。上联谓岁月虽逝，望海楼所蕴涵的高雅韵致，却寄寓着怀古之情。下联谓百岛飞浮于沧波，望海楼四周所展现的奇特景观，正翘待着写真之旅。联语对仗工稳，时空以叠，虚实相间，若有所思，若有所寄，语味醇厚。

客来胜地炉当煮；

君去阳关茶不凉。

简介：作者王庆新（1948～）山东嘉祥县人。曾任中国楹联学会秘书长、副会长等职务，创办北京华夏诗联书画院。多年来，创作、出版诗联等传统文学作品集90余部。艺术传略入编《当代对联艺术家辞典》《中国文艺家传集》《中国当代艺术界名人录》等。

此联作于2007年，悬挂于望海楼主楼西南侧的品茗阁，为作者本人书写。

简注：联语为品茗阁而作，融入茶文化元素。上联写"客来胜地"时，洋溢着"煮沸三江水，同饮五岳茶"之逸兴与热情，不禁忆及宋·杜耒"寒夜客来茶当酒，竹炉汤沸火初红"之诗句。下联写"君去阳关"处，一反"人走茶凉"之俗气，偏云"茶不凉"。此乃缘于相同的际遇，相似的情怀，相一的抱负。非有光风霁月之襟怀者，不能发此豪语。全联一来一去，深情历历。

> 万里赋高楼，极目驰怀，白云不掩瓯江月；
>
> 四时兴福地，遥天阔水，锦浪犹传半岛钟。

简介：作者贺成元（1952～），内蒙赤峰市人。曾任赤峰市有色金属材料公司总经理，参加国内诗词、楹联大赛获各类奖项两百余次，部分作品镌刻于各地历史文化公园内。楹联作品300副入编《百家联稿》。

此联荣获2006年"重修望海楼全国征联大赛"二等奖，悬挂于望海楼主楼东侧的泓澄亭立柱。为中国书法家协会原副主席张飚（1946～）书写。

简注：联题望海楼东侧之泓澄亭。亭的二楼悬挂"福祥钟"，联语切其钟的铭文。"白云不掩瓯江月"，借景寓情，慨叹沧海桑田、斗转星移之嬗变。"锦浪犹传半岛钟"，预示百岛洞头之福地正兴，望海楼祥和幸福的钟声将伴随海浪传送四方，胜迹重辉，人文不泯，历史得以演承。全联文思紧凑，理趣天成。

> 须蓬岛月来，听满阁风吟，一湾鱼跃；
>
> 待海天日出，望七桥锁浪，石岭喷霞。

简介：作者曾清严（1967～）福建厦门市人，曾任报社专刊副刊部责任编辑，现为自由撰稿人，中国楹联学会会员、厦门市楹联学会会员。在各级诗词联赋比赛中获等级奖数百次。

此联荣获2006年"重修望海楼全国征联大赛"二等奖，悬挂于望海

楼主楼西侧的同辉亭。为中国书法家协会副主席旭宇（1941～）书写。

简注：望海楼位于烟墩山顶，春秋朝夕之际，适时可遇日月同映之美景，故建"同辉亭"以供观赏。上联写"月来"，在隐约若现的岛屿映衬下，素晖暮霭，风吟鱼跃，如仙境一般静谧美妙。下联写"日出"，在灿烂欲绽的朝阳映辉中，金光翠岚，锁浪喷霞，似海天一般生机蓬勃。"七桥"，指七座跨海大桥把洞头境内八个岛屿相连接，再以跨海长堤与温州相连。联语切景切事，直入主题，以景蕴情，相得益彰。

> 灵海翠峰，昔贤曾觅无双地；
> 峻观杰构，新景凭开第一楼。

简介：作者尚佐文（1968～），浙江丽水人。现任浙江古籍出版社副总编辑，浙江省楹联研究会副会长，杭州出版社副社长，西湖诗社副社长。著有《杭州古村名镇》等。

该联为2005年望海楼重修时所作，悬挂于主楼三层北门立柱上。为中国硬笔书法家协会原主席姜东舒（1923～2008）书写。

简注：上联化自唐朝诗人张又新《青岙山》之绝句："灵海泓澄匝翠峰，昔贤心赏已成空。今朝亭馆无遗制，积水沧浪一望中"，以古作衬。下联则笔锋转向"新景"，赞叹望海楼以"峻观杰构"，拓开"第一楼"之誉。联语起句运用当句自对之修辞，对仗工稳，结句高耸不群，雄劲之势俱出。

> 劫后重来，倚楼头十二栏杆，遥看海上生明月；
> 客中小醉，忘眼下三千烦恼，笑向天涯觅古人。

简介：作者文伟（1971～），重庆人。"全国联坛十秀"之一，中国楹联论坛站务管理，重庆市楹联学会常务理事。获全国各级各类联赛等级奖多次。

本联选自《中华名楼经典对联荟萃》。

简注：起句四字劈空而来，"十二栏杆"劲健有力，收句以海上切地域。下联起句舍大取小，揽今思古，作登楼感慨，亦妙。整副联气脉气势俱佳。

> 极目遐怀，亦天亦海；
>
> 凌虚把盏，无我无人。

简介：作者张荣沂（1973～），安徽马鞍山人。天涯社区对联雅座版主，中国楹联论坛创始人之一。获2008～2010年度中国对联创作奖金奖提名、第二届莲华奖最佳联手奖，在全国性征联赛事中获等级奖数十次。作品收录于《百家联稿》《瓯风》等。

此联荣获2006年"重修望海楼全国征联大赛"二等奖。悬挂于望海楼主楼五层北门立柱上。为西泠印社原秘书长吕国璋（1927～）书写。

简注：上联写实，下联写虚，表达登临望海楼之所见、所思，尽在情理之中。极目之，融海天于一体，遐怀而流连于"亦天亦海"；凌虚者，集自然之大成，把盏以陶醉于"无我无人"。境由心造，意象超脱，意境空灵。联语言简意赅，循"天人合一"之道，大气象，大情怀。

> 一海放千帆，美景难收，为有朝霞托日起；
>
> 四时妆百岛，良辰未尽，更留明月待潮生。

简介：作者李军（1974～）河南新县人，博士，现就职于天津某高校。

此联荣获2006年"重修望海楼全国征联大赛"一等奖，悬挂于望海楼山门。为中国书法家协会原主席沈鹏（1931～）书写。

简注：联语朴实无华，虽未着一"楼"字，却融入浪海、渔帆、滨岛、

游客观赏诗词碑廊

彩霞、明月、旭日、汐潮等望海楼所具有的特色元素，烘托主题，切景切地，旖旎动人。结句化自唐·张若虚《春江花月夜》"春江潮水连海平，海上明月共潮生"之诗句。然"待"字尤佳，既压住全联，亦回响不绝。

　　翠峰高耸，沧浪长连，醉眼景非凡，谁把桃源移海上？

　　五岛卧虹，一楼拱月，怡情身入画，我惊仙境在人间。

简介：作者黄雍国，湖北武汉人。

此联荣获 2006 年"重修望海楼全国征联大赛"一等奖。

简注：联语前两分句写实、写景，且运用当句自对的修辞手法，凭藉"峰""浪""岛""楼"诸多景致，勾画出"醉眼""怡情"般的场景，铺排出万千气象。上联以"谁把桃源移海上"一问以设悬念，紧扣心绪；下联则以"我惊仙境在人间"作答，晓之实情。此开阔之笔，其风欲振，其势欲鸣。

获奖诗歌朗诵会

重修望海楼全国征联大赛部分获奖作品

望海上新楼，不在蜃楼，偏成海市；

飞花连远岸，难描岛岸，更胜花园。

中华国粹网　江西　雷银喜

看亭外波涛，楼外烟云，极目处海天一色；

忆南朝太守，唐朝刺史，弹指间人事千年。

重庆　文伟

翠色染层楼，更兼碧海澄清，白鸥争渡；

春风寻古径，却看长虹飞架，旭日初升。

《联都》网　广东　赵秀敏

望远登楼，看五岛连桥，波摇月影；

凭栏听海，闻一堤拍浪，风送涛声。

中华国粹网　湖南　崔钢兵

与楠溪雁荡合称三胜；

揽海气天光共入一楼。

中华国粹网　北京　李忠

礁如虎卧，屿似鲸浮，沙软滩佳，岛众携来沧浪转；

车似水流，桥如虹跨，园芳花艳，楼高抱得海霞飞。

广西　陈竞明

立洞头而壮古今，百岛耀明珠，海景宜从高处赏。

连江口而通南北，七桥牵彩带，云朋更自远方来。

广西　周继勇

渔岛腾飞，东海洞头，先举云帆迎海曙；

望楼重建，瓯江口外，又添滕阁伴江声。

安徽　谷治

望海喜登楼，无穷画构千般锦；

开怀歌创业，不尽潮携万国风。

安徽　陈立春

海上腾龙惊雪舞；

楼中倚月伴云眠。

江苏　王志成

万里惊涛到眼平，看岛缀繁星，桥横卧月，礁镶碎玉，

石耸幽屏，对锦绣江山，欣然把盏慰陶公，仙境桃源终有继；

千年旧梦随风逝，喜渔歌爽朗，景色流连，油井巍峨，

港湾静肃，携腾飞事业，惬意登楼夸太守，楠溪雁荡又如何。

中华国粹网　广东　成小诚

诗词

重修望海楼全国诗词大赛部分评委特邀作品

盼归亭抒感

杨金亭（中华诗词学会）

九转回肠年复年，一亭翘首向东南。

孤悬宝岛归宗日，半壁屏圆两笑颜。

题洞头望海楼

张结（中华诗词学会）

极目烟波外，连心骨肉情。

登临非望海，一髪认台澎。

登洞头望海楼

晨崧（中华诗词学会）

银波狂啸浪颠楼，伴舞千峰戏洞头。

最是骚人神韵远，今宵梦里醉情稠。

临江仙·洞头岛眺望

周笃文（中华诗词学会）

谁洒明珠东海上，奇珍一串晶莹。七桥八岛彩云横。无双真国色，仙界睹娉婷。

百战山河成东士，沙滩画舸华灯。崇楼望远意飞腾。凭谁支楚笛，裂竹奏天声。

梦游洞头

林从龙（河南省诗词学会）

梦里依稀到洞头，风轻云淡漫天秋。

一波九折瓯江口，五暗三明望海楼。

临水神窗开独径，面山仙境豁吟眸。

心仪戚帅鸳鸯阵，靖寇英名万古留。

登洞头望海楼

王漱居（浙江省诗词与楹联学会）

鸥鸟低翔总不猜，登楼王粲好开怀。

桥如线把明珠串，堤似刀将巨毯裁。

霞抹货轮浮画卷，浪冲礁石散琼瑰。

倚栏轻唱渔家傲，念断东溟钓一回。

登望海楼有怀在台兄长一家

陈志明（浙江省诗词与楹联学会）

望海楼高欲上天，登临远望意悠然。

谁料半屏山入目，亲情动我泪阑干。

登望海楼远眺

周友生（浙江省诗词与楹联学会）

快沐天风容啸傲，碧螺百颗散沧溟。

灿然古县添新港，闪出神州耀眼星。

登望海楼

徐弘道（浙江省诗词与楹联学会）

触目非尘界，披襟尽海风。

翠珠缀明镜，红日点长空。

楼在风卷云涌间

登望海楼

薄松涛（浙江省诗词与楹联学会）

凭栏观百岛，浓淡郁葱昽。

海气浮云碧，波光落照红。

神游花雨外，身在阆风中。

指日潮生处，予怀接昊穹。

登望海楼感赋

余荩（浙江省诗词与楹联学会）

一路涛声上石坡，登临极览大山河。

六朝胜迹扬新采，百岛殊姿浮浩波。

直向青云输韵度，遥同黄鹤引诗歌。

岳阳楼记披襟诵，水阔天长味更多。

重修望海楼全国诗词大赛部分获奖作品

踏莎行·登望海楼

彭庆达（湖南岳阳）

望海胸宽，登楼怀远，星罗岛屿连霄汉。人间美景惹心驰，无边风月殷勤献。

水拍滩平，霞铺云卷，堤桥织就游仙毯。凌虚我欲驾云飞，渔歌醉客声声唤。

鹧鸪天·洞头海上游

王崇庆（湖北监利）

约伴偷闲兴致佳，渔舟同上向天涯。帽衣妆个渔人样，万顷琼田摘浪花。

观海岛，品香茶，握支钓竿钓鱼虾。海鲜送下三杯酒，梦里听人说海霞。

登半屏山有感

章杰三（山东潍坊）

登上山头南望台，同根却被两分开。

半屏深感生离苦，多少相思逐浪来。

诤友返台望海楼送别

蒋石麟（江西吉安）

君今台岛去，何日并肩游？

海涌千层浪，风吹万缕愁。

江山归一统，功业足千秋。

明日相逢处，同登望海楼。

题望海楼

萧生民（湖北孝感）

一上台阶胆气豪，江山指点正今朝。

栏边星汉笼寒雾，足底峰峦拥翠涛。

千里东南随眼尽，一时吴越与楼高。

凌虚竟可通诗路，好句吟成在九霄。

登望海楼

莫非（河南郑州）

欲揽东南胜，来登第一楼。

披襟听海啸，袖手看云浮。

隐约百三岛，沧桑千五秋。

半屏帆若举，风正引归舟。

水龙吟·登洞头望海楼

王崇庆（湖北监利）

名楼名不虚传，辉煌壮丽多风采。立山千仞，摘星摩斗，巍峨天外。

屋角凌云，檐牙映月，名传千载。问滕王黄鹤，岳阳鹳雀①，何楼上，能观海？

碧海波清岛黛。有虹桥，长堤如带。万鸥掠舞，千帆翔集，滩平礁怪。

潮涨潮平，溅珠崩雪，涛声澎湃。对良辰美景，吟诗敲韵，吐心中快！

注：①指国内四大名楼滕王阁、黄鹤楼、岳阳楼、鹳雀楼。

登望海楼

渠敬臣（江苏溧水）

早有乘槎意，今来望海楼。

白云天上卷，绿岛水中浮。

冲浪健儿臂，放歌妙女喉。

茫茫看不尽，点点是渔舟。

满江红·登望海楼喜赏百岛风光

黄心培（上海杨浦）

跨海长堤，通衢现，穿烟枕碧。沙滩外，浪摧礁石，雪飞崖壁。虹化七桥联险岸，鸥翔大港惊奇迹。伴芳林，广厦影参差，浮新邑。

观壮举，钦手笔。临画镜，思无极。看蓝图规划，羽丰鹏翼。百岛如棋天设局，千秋破阵盘生色。是楸枰，陈却洞头人，谁能弈！

念奴娇·望海写意

刘妙顺（浙江乐清）

登楼望海，任心马驰骋，眸光飞逐。谁掷天星成百岛，分列东西南北。娇若烟鬟，狂如狮虎，静作龟蛇伏。秋娘有意，引吾寻梦水国。

难得诗酒微酣，楼前携手，指点东山麓。裂岸波涛来复去，怒绽雪梅银菊。堤畔归舟，滩头晒网，庐结迷神谷。汐音潮韵，暗惊天外仙曲。

浣溪沙·登望海楼

杨荣观（浙江杭州）

锦带长虹串黛螺，惊涛声里壮巍峨。洞头岁月总如歌。

半岛飞花谁作画，一天落彩共临摩。深情难得此时多。

望海潮·向晚望海

王小娟（江苏南通）

风随珠串，山如黛簇，波纹拂去还裁。峰色转时，云光鼓处，烟墩新浴娇腮。四面绝纤埃。忽半屏石削，仙叠岩开。数柄芙蓉，似从天外远浮来。

潮声漫逐心怀。把滨江故事，从此珍埋。沧海一望，澄明百岛，蓝图谁与安排？人影莫徘徊。更此间小立，彼岸堪猜。但把长鲸唤起，载去醉蓬莱。

临江仙·登望海楼

莺子（浙江温州）

朗照高悬波万里，星河灯海相连。沸腾百岛正酣眠，梦呈玫瑰色，夜夜展欢颜。

名震东南楼接月，鱼龙献舞翩翩。凭栏最忆凤缘牵。半屏期合璧，何日庆团圆？

沁园春·望海楼抒怀

刘克皋（天津河西）

望海楼头，有柬催诗，乘兴而登。叹仙山百座，人寰难觅；奇峰半壁，鬼斧堪惊。戏水乌龙，浮波赤象，彩羽凌风孔雀屏。衔接处，看穿珠缀翠，几架桥横。

千年往事频更。正盛世图强宇内平。忆颜公筑阁，唐贤撰句；心怀远古，襟抱沧溟。意动为涛，神飞作浪，俯仰长吟浩气生。思高会，聚如云胜友，共把杯倾。

沁园春·洞头

仇德熙（浙江乐清）

世外桃源，海上明珠，水国琼瑶。看海天相接，烟波浩渺，渚洲簇拥，物产丰饶。草树斜阳，桅樯礁石，片片渔舟逐浪高。环周望，喜虹桥连岛，恰似螭蛟。

风光无比妖娆，引多少游人意兴豪。慕新城古镇，高楼栉比；渔村街市，车涌如潮。仙叠危岩，沙堆滩岙，望海琼楼矗九霄。凭栏眺，数洞头景色，独领风骚。

鹧鸪天·题洞头百岛风光

赵忠亮（山东昌邑）

谁撒明珠东海边，彩桥如带接蓬山。沙滩铺做祥云毯，渔岛排成银汉船。

千景美，百鱼鲜，呼来佳客醉悠然。兴来楼阁同遥目，任小东南万里天。

减字木兰花·望海楼即景

李政阶（湖北武汉）

青山泼黛，云树当空撑翠盖。五岛卧虹，珠履三千入画中。

渔舟踏浪，串串歌声来海上。仙境桃源，无限风光扑眼帘！

满庭芳·登洞头望海楼感赋

陈其良（浙江瑞安）

波拥青螺，云烘红日，百岛环抱琉璃。排山潮汐，残雪拍崖飞。遥看仙人叠石，最高处，共与天齐，烟墩上，崇楼镇海，画栋尽流辉。

神驰！多少事，驹光已逝，梦蝶犹回。忆抗倭英杰，护海娥眉。今日桥连八岛，邀佳士，赌酒裁诗。东南望，半屏隔浪，何日了相思？

登洞头望海楼

蔡圣栋（浙江瑞安）

气吞瓯越势，雄踞水云间。

海阔涛声远，天空鸥影闲。

虹桥跨蓬岛，鼙鼓动乡关。

倚槛凝思处，半屏山外山。

沁园春·登望海楼

罗国刚（贵州凯里）

独上高楼，极目海天，万顷波涛。见云舒云卷，时分时合；潮平潮涌，忽涨忽消。阵阵狂飚，排排巨浪，势若奔雷震九霄。鸥燕起，纵无边阔野，展尽风骚。

洞头百屿妖娆。凌虚处、情浓意更高。想依稀往事，弯弓皓月；明昭历史，硬橹强桡。璀璨人文，辉煌物象，光耀东南第一娇。桑梓地，是人间胜境，尧舜天朝。

沁园春·初访洞头

吴亚卿（浙江杭州）

丙戌之秋，既展重阳，初访洞头。藉大桥七座，贯通天堑；长堤卅里，填却鸿沟。岛屿萦回，沧浪明灭，一路轻舟载我游。开怀抱，览阴晴变幻，遐想难收。

千秋往事悠悠。且追念前贤雅兴稠。羡永嘉太守，筑亭望海；温州刺史，寻址留讴。深港呈奇，浅滩献媚，海外桃源信有由。容来日，趁崇楼工竣，再纵吟眸。

题洞头望海楼

佘汉武（湖南望城）

海涛四季锁江口，背负蓬莱接北斗。

夜深常听天风号，天风声共鱼龙吼。

吼声难撼望海楼，十二栏杆恍若浮。

嵯峨已阅千年史，烟墩山上景全收。

昔年烽火景萧索，忆中风雨付孤酌。

而今盛世气象新，情趣催诗待君作。

名满东南第一楼，夜深横笛引黄鹤。

拦海长堤

霍柏松（江苏常州）

岛似琵琶堤似弦，洞头弹奏富民篇。

春潮激荡三千里，开创繁荣一片天。

望海楼

苏振学（山东淄博）

登楼谁共纵奇情？万里乾坤一望平。

朝捧彩霞迎日出，夜观明月伴潮生。

天风浩浩思尤阔，海韵悠悠梦亦清。

吟得洞头春欲醉，忘机鸥燕和诗声①。

神游洞头

张本应（安徽庐江）

丙戌温州访友，未达洞头而心向往之。

牵挂沉心底，飘然立洞头。

浪峰衔晓日，霞彩浴渔舟。

愿把沧桑石，起为风雨楼。

楼兮长望海，息息护金瓯②。

渔家傲·洞头有感

朱华甫（浙江武义）

海上碧波浮百岛，穿云破浪鸣飞鸟。满载鱼虾收网早，归帆闹，风歌古曲《渔家傲》。

望海楼头看夕照，长桥错落连群岛。暮顾霓虹争炫耀，游客笑，人间更比天堂妙。

望海楼留影寄台北刘君

易彩玲（湖北天门）

瓯江口外景清幽，试赋新诗歌洞头；

百屿串珠环半岛，七桥流水荡千舟。

南通台港薰风暖，北仰京畿情意柔；

望海楼前留倩影，劝君来作故乡游。

---

①和：唱和。　②洞头乃瓯江出海口。

题洞头望海楼

周崖冰（浙江瑞安）

一楼雄百岛，崇古续风流。

阁揽晋唐月，橹招中外舟。

金波摇晓日，玉艇逐沙鸥。

恍入蓬瀛境，卿云绕洞头。

洞头望海楼

沈利斌（浙江杭州）

天势接楼连海势，阑干拍遍起歌声。

日垂蓬岛青螺点，月渡虹桥玉带横。

远岭烟云归近岭，旧城灯火合新城。

忽然瓯越三千里，水水山山眼底生。

望海楼

傅祖民（浙江丽水）

百岛蓬莱境，东南第一楼。

霞飞迎旭日，浪涌搏飞舟。

观海云天阔，听涛心绪悠。

远离尘世外，挥笔赋春秋。

南乡子·望海楼

段华昌（湖南益阳）

何处览神州？无限风光望海楼。大好河山披锦绣，前头。碧海蓝天一

色浮。

台独耍阴谋，大办"公投"乱未休。任尔台湾风雨骤，潮流。只有回
归是上猷。

洞头胜景

巫凌霄（浙江萧山）

胜日欣登望海楼，眼前碧浪壮清秋。

涛声远近天宫曲，百岛沉浮雾里舟。

茅舍泥墙成广厦，虹桥大道接瀛洲。

渔家美女从新业，淡抹红妆学导游。

望海楼

夏孝华（安徽庐江）

独尊吴越矗苍穹，虎踞烟山万载雄。

门映金波新壮丽，曙光先赐一身红。

望海楼

唐仁康（江苏南通）

遥见烟墩翠欲流，登临绝顶竟淹留。

三千里界吞吴越，第一楼头逼斗牛。

初恐沉云覆沧海，翻疑蹑履到瀛洲。

请君更向长天望，点缀青山是白鸥。

蝶恋花·登望海楼

闵从新（湖北仙桃）

望海高楼刘宋建，越女新妆，半掩春风面。玉立烟墩人尽羡，谁能不起登临愿。

百岛风光如画卷，万物和谐，仙境人间现。盛世华章歌不倦，豪情装满渔家院。

登望海楼

黄雍国（湖北武汉）

一楼高起插长空，醉眼风光入画中。

天际朝霞红灿烂，山头云树碧葱茏。

千重浪激花飞雪，五岛桥连水卧虹。

海上桃源春不老，游人络绎觅仙踪。

曙光初照

现代散文

洞头望海楼

王剑冰

人说福如东海寿比南山，东海和南山都是那么让人景仰，而我现在就在东海的望海楼上感受着幸福。海的声音传来，灌得满楼都是。清爽潮湿的风猎猎入怀，那是海送来的问候。

大海正在迎娶朝阳，朝阳的目光吻遍望海楼每一个细节。风飘起朴旧的长衫，颜延之的雕像，露着一抹笑意。一千五百年前，永嘉郡守颜延之一来洞头就被美景陶醉，随即在岛上筑楼，以望东海。过后四百年，岁月里走失的望海楼，成为温州刺史张又新心中的"一望"，这一望望进了《全唐诗》。至清代，望海楼还在引发诗人"天风振袂上危亭"的畅想。由此我感慨那些重修者，他们是将自己的胸怀修了进去。望海楼，既是今天生活的福祉，也是留给后人的遗产。

楼在古代不仅是一个地理制高点，更是文化制高点，成为畅叙抒怀的审美特指。这些楼多在江边湖畔，视野或有一定局限，而若站在瓯越锦绣百岛俱现，天海宏观一楼独览的望海楼，襟怀当更为恢廓。筑楼与造塔的意义一样，都是为了某种寄托与信仰，所建却有一个根基，比如大雁塔于西安，黄鹤楼于长江，根基就是厚重的文化历史，那么望海楼的根基呢？该是博大的天然造化。中国幅员辽阔，真正意义上的名楼并不多，真正意义上的望海楼也许独此一座。难怪有人说"气吞吴越三千里，名贯东南第一楼。"是呀，望海楼有天下诸楼之美，天下诸楼不能尽望海楼之奇，故登望海楼不登天下诸楼可也，登天下诸楼不登望海楼憾也。

我喜欢大海，所以我喜欢望海楼。海是如此的浩大，一直扩展到无际的天穹，这样的海与天，才真的是海阔天空。有时海蓝得像一湾油漆，随便一波，都把洞头泼得鲜艳无比。有时像中原的沃土，片片鳞块，凝聚着无以言说的力量。风云漫卷，时光变幻，英雄淘尽，沉舟新帆，海是多么深奥的大书！每一个来看海的人，都会有不同感受。在大海面前，个人喜忧得失是那么的微不足道。登楼望海，会望出一片敞亮，只带走海的深沉与宽广。

一群帆在景象里划过，洞头民俗专家邱先生说，那是开渔节后的出海。帆将海剪开又缝上，海鸟像撒出的鲜花，和云彩一同填满天空。等渔讯结束，还会举行盛大的迎头鬃仪式。望海楼里有丰富的民俗风情展示，走进去就像走进海洋生活的会客厅。一座楼不仅承载了历史重量，也盛载了文化内涵。

大大小小的岛在云霞间时明时暗，光线掠过龟岩峰、大石滩、仙叠岩、半屏山，洞头百岛像大海呈献的项链，链坠就是富丽堂皇的望海楼。当地渔民说，远远的船上，看到望海楼就像看到灯塔，感到一阵温暖。是啊，望海楼已成为游子心灵的归宿。

风推着时间远去，海迎来又一次日落。落日浑圆，似在释放着一种能量，将波浪一层层镀成殷红。另一边，一轮圆月正在上升，圆月周围，云团如淡蓝的缎带，一直接到海上。海的澎湃，让太阳与月亮的交接热烈隆重。

目光迷离，远处一片苍茫，我的思想在上面生长，能望到台湾的半屏山吗？几年前，台湾那里来过一位矍铄老者，四下里走，不停地看，兴奋而惊喜地念叨"洞天福地，从此开头"。他是站在望海楼上说的吗？

回首再看望海楼，就像一座佛，沉稳、端肃，云烟缭绕，将佛境一点点化开，整个地氤氲在了洞头上方。

（王剑冰，中外散文诗协会副主席、河南省作家协会副主席，河南省散文学会会长，全国鲁迅文学奖二、三、四届评委。）

沧海曾望

虞金星

一

有些意外，会在这东海的海岛上与颜延之"相遇"。

沿着白马古道，从位于这个岛西北部的小朴村出发，由曲折的木栈道向上，穿过密林，经过石阶，来到山巅，就看到了望海楼和楼前的颜延之雕像。他戴冠着袍，长身而立，衣袂翻卷，头顶着高天流云，举目远眺。一手捋着长须，一手握着书卷，这雕像站在明三暗五的望海高楼前，竟丝毫不逊气势。看来，设计与雕刻者，并不打算让他作为望海楼的附庸，而是与这高楼并峙，相互增添光彩。

才知道，原来颜延之还与这洞头海岛、与这海岛上的望海楼亭有渊源。

浙江的第二大江瓯江，自西流向东，在南部的温州入海。瓯江口，也成为我国除长江口、黄河口、珠江口、钱塘江口外的主要河口之一。洞头县的三百多岛屿和岛礁，正在瓯江口外。瓯江源源不断入海的江水，似乎在催促着人放眼向东。从洞头举目，视线似乎可以沿东海无限延展，越过第一岛链，直投向浩瀚的太平洋。这或许就是唐人张又新所感叹的"积水沧浪一望中"。

"灵海泓澄匝翠峰，昔贤心赏已成空。今朝亭馆无遗制，积水沧浪一望中。"张又新生活在公元 800 年前后，这首《青岙山》正是他寻访早他三四百年的前辈诗人颜延之的足迹不见，而发出的感叹。

南北朝时，颜延之曾担任刘宋王朝的永嘉太守之职，足迹到处，在如今洞头县的海岛上建望海亭以观海景。湿润的海风里，梁木易朽；岁月的剥蚀与掩埋，甚至连柱石也难以幸免；亭台楼阁兴废不停，就像在这临海的山中瞻望过风景的前人一拨拨离去。人，与人们留下的印迹渐渐消失。唯有翠峰灵海依旧，举目望去，沧浪滚滚，随海风浮沉。

张又新在"今朝亭馆无遗制""昔贤心赏已成空"里表达的，正是这种遗憾之情。不过，"灵海泓澄匝翠峰""积水沧浪一望中"是不是还有一些"今月曾经照古人"的窃喜呢？

据说，青岙山所在的岛，就是如今被称为大门岛的。如张又新所记述，颜延之的望海亭在他那时就已无存。与张又新寻访颜延之的足迹时隔一千五百年，洞头人在如今县政府所在的另一个大岛洞头岛上建起明三暗五的望海楼。

从大门岛到洞头岛，从望海亭到望海楼，在地图上似乎连起了一条线。沿着这条线，似乎能望见时光与文脉的来去。线头当然是颜延之。世间美景常在，但唯有与人联系在一起，才有了无尽的阐释与想象的余地。对洞头而言，颜延之是点燃这片海上风景火把的那个人。

二

也算是"故人"相遇吧。我曾在陈翔鹤的《陶渊明写〈挽歌〉》里一瞥他与陶渊明的友情。1961 年，作家陈翔鹤在《人民文学》上发表了短篇历史小说《陶渊明写〈挽歌〉》。这篇小说也成了那一时代历史小说的代表作之一。颜延之曾在这篇小说里路过陶渊明的生活：

在六朝时候宋文帝元嘉四年（427 年），陶渊明已经满过 62 岁快达 63 岁的高龄了。近三四年来，由于田地接连丰收，今年又是一个平年，陶渊明家里的生活似乎比以前要好过一些。尤其是在去年颜延之被朝廷任命去做始安郡太守，路过浔阳时，给他留下了二万钱，对他生活也不无小补。虽说陶渊明叫儿子把钱全拿去寄存到镇上的几家酒店，记在账上，以便随时取酒来喝，其实那个经营家务的小儿子阿通，却并未照办，只送了半数前去，其余的便添办了些油盐和别的家常日用物；这种情形，陶渊明当然知道，不过在向来不以钱财为意的陶渊明看来，这也算不得甚么，因此并不再加过问。

（陈翔鹤《陶渊明写〈挽歌〉》）

这段故事，其实出自《宋书·陶潜传》。颜延之赴任始安郡太守，路过浔阳，见到阔别多年的好友陶渊明，便停留了些时日，"日日造潜，每往必酣饮致醉。临去，留二万钱与潜，潜悉送酒家，稍就取酒"。对这送与收，陈翔鹤在他的小说里借陶渊明之口有判断：

"人生实难，死之如何"！难道这不是我对于生死一事的素常看法吗？哎，脚都站不起来，老了，看来是真正的老了啊！凡事得有个结束。明天得叫庞家儿媳妇回娘家去。请那位书手将我的诗稿多抄两份，好捡一份送给颜延之。他上回送我的二万钱，数目可真不算少呀。他不肯轻易送人，我也不是那种轻易收下赠物的人。"（陈翔鹤《陶渊明写〈挽歌〉》）

虽然是小说的描写，但出自同时是古典文学研究专家陈翔鹤之手，这篇小说却并不仅仅是小说。它同时并不乏"论文"的色彩，是基于历史的同情与理解，对陶渊明与颜延之交往的生动描写。颜延之比陶渊明小近二十岁，两人算得上是真正的忘年交。陶渊明去世后，颜延之作《陶征士诔》。这是一个与陶渊明有过深切交往的人，给后人留下的讲述，也被后人视为研究陶渊明最早的文献。后人称陶渊明为"靖节先生"，也是出于此文。"追往念昔，知己情深，而一种幽闲贞静之致，宣露行间，尤堪讽咏。"（许连《六朝文絜笺注》）陶渊明不为五斗米折腰，对世俗富贵自有其态度。而与之相交莫逆的颜延之，思想性格相近，对世俗的态度，也可想而知。

所以，在世俗富贵里打滚的颜延之，一生的境遇，为并不算得上顺利。事实上，他到永嘉任太守，也是一生被贬黜的经历之一。游至洞头，筑望海亭观景，也未必没有悠游山水排遣积郁的成分。这样的做法，他的另一位朋友，中国山水诗的开创者之一谢灵运，早已用过。

对读过中国文学史的人来说，颜延之与谢灵运合称"颜谢"这一章节，也是旧相识。两人曾为同僚，又同与刘宋的庐陵王刘义真交往甚厚，彼此之间关系也十分密切。刘宋少帝即位后，两人相继被贬黜外放，谢灵运先被外放为永嘉太守，颜延之则被外放到如今的广西桂林、当年尚荒凉偏远的始安——也正是在这次赴任途中，他去探望陶渊明，留下每往酣饮至醉的交游之景。

不得志而寄情山水，这在中国古代文人中不乏其例。谢灵运素爱山水，因而足迹遍及永嘉郡诸县，写下了许多山水诗篇，看山看水甚至看海，《游岭门山》《登池上楼》《邵东山望海》……这一章，也成为永嘉郡史上最为人津津乐道的一面。数年后，政局变化，两人被同时召还。再相逢，谢灵运写下《还旧园作见颜范二中书》诗，颜延之写《和谢监灵运》作答。

恐怕两人都没想到，再过多年，颜延之会到谢灵运曾踏访任职的旧地，担任永嘉太守。而此时，谢灵运刚刚在广州被以"叛逆"罪名杀害。贬黜之旅，思及友人当年的足迹与如今的命运，颜延之在永嘉短短的一段时间中，不知怀着怎样的心情。或许只有在亭中独坐，举目望海，学当年的谢灵运寄情于美景之间，才能遣怀了吧？颜延之的"代表作"《五君咏》，就诞生在这心有块垒的岁月里。

三

"阮公虽沦迹，识密鉴亦洞。沉醉似埋照，寓词类托讽。长啸若怀人，越礼自惊众。物故不可论，途穷能无恸。"（《五君咏·阮步兵》）外放永嘉，对当时的颜延之来说，应该是人生、仕途的挫折，所以《宋书·颜延之传》说他"甚怨愤，乃作《五君咏》"。被贬谪为永嘉太守后，颜延之写了这组五首五言八句的诗，分别吟咏"竹林七贤"中的阮籍、嵇康、刘伶、阮咸、向秀，实际上是借以自况，抒发那种不容于世的愤懑。

古人说，诗穷而后工。当时的挫折时刻，对后世人眼中的颜延之来说，无疑是人生最重要的阶段。《五君咏》，被后人视作颜延之最重要的文学作品之一。对读历史

的人来说，见多了生前寂寞、身后声名鹊起的片段。颜延之却恰好是那些相反的历史片段。他称得上是生前声名鼎盛，相比之下身后颇为寂寞的典型。《宋书》称他"好读书，无所不览，文章之美，冠绝当时。……延之与陈郡谢灵运俱以词彩齐名，自潘岳、陆机之后，文人莫及也，江左称颜、谢焉。所著并传于世"。一时颜谢，旁人不及。他和鲍照、谢灵运被人合称为"元嘉三大家"。不过，南朝之后，颜延之在文学中的地位陡然降低，历代文人对他的用典繁密与雕琢颇多批评。

历史的淘洗无疑是无情的。生前享尽赫赫声名，也无力阻挡身后的坠落。不过，这种坠落，是从几千年这样的历史眼光来看，仍无碍于他对南朝文学曾经有过的重大影响，无碍于他在漫漫的中国古典文学史上，刻下属于自己的一段文字。几千年，亿万人中，又有多少人能媲美。在这段属于颜延之的文字里，《五君咏》时常占据了重要的一部分。后世的大部分意见，在肯定颜延之的文学成就时，就是以这组诗为论据的。这组人生逆境中的产物，无疑成了他一生光芒聚集的部分。

历史的细节早已被光阴侵蚀，我们已无从得知，他具体在哪里的日光或者烛火中写下这些诗，只能从内容中揣摩他当时的心情，想象当时的情景。"阮公虽沦迹，识密鉴亦洞。"阮籍先生以"口不臧否人物"著称，自隐自晦，但实际上他是见识卓著，对世事有广而深的体察的啊。"物故不可论，途穷能无恸。"时事已不可评论，只能保持沉默，可阮先生途穷而返的故事里，能没有深深的愤懑么？写的是阮籍，却分明可以把颜延之自己代入进去。阮籍驾着车，由车走到哪里就到哪里，直到无路可走，痛苦而返，这个"途穷而返"的故事，在颜延之身上，岂不就是驾舟出海，在青岙山筑亭观海而返？

"物故不可论，途穷能无恸。"对颜延之而言，东海上的这片岛，是不是就是途穷之地；《五君咏》，是不是就是途穷而返的深恸之言？"刘伶善闭关，怀情灭闻见。

鼓钟不足欢，荣色岂能眩。韬精日沉饮，谁知非荒宴。颂酒虽短章，深衷自此见。"（《五君咏·刘参军》）刘伶的《酒德颂》，短短两百来字，却画出了他不得已自隐于酒中的深衷。《五君咏》这更短的诗章，又何尝不能见出颜延之的"深衷"呢？"向秀甘淡薄，深心托毫素。探道好渊玄，观书鄙章句。交吕既鸿轩，攀嵇亦风举。流连河里游，侧怆山阳赋。"（《五君咏·向常侍》）嵇康与吕安被杀后，向秀路过他们曾同游的山阳，心中凄怆，写下《思旧赋》。而来到谢灵运曾被贬黜之地的颜延之，想起已被杀的谢灵运，是不是也有同样的侧怆呢？

深含隐衷的《五君咏》，与颜延之的旅迹心路默默对应起来。青岙山巅望海亭前的海潮声，是不是曾作他吟咏的伴声；美景，在这样的时候，不知算不算得上人生的救赎。时光太久太广漠，把旧亭台都化作了残垣断壁，又磨灭在海雨天风里。

百年千年里，也仅有海雨天风依旧。不过，风景倒因为这样的人生足迹，变得意味深长。它不再仅仅是眼前所见的云和海，而让人有了层层回溯探寻的冲动，有了盘桓的余地。如今我们登上望海楼远眺，也不免会想象，几百年后，是不是会有人追念我们今日的登楼远眺，就像我们追念张又新在一千一百多年前登上大门岛的沧浪一望。而当年张又新站在青岙山头，又是如何想象颜延之筑亭观海的历史风景？

眼前，是亘古的沧浪。

（虞金星，《人民日报》文艺部主任）

你不可以不知道洞头

韩小蕙

你可以不知道温州，但不可以不知道洞头——因为面对着空莽辽远的东海，前面是无限的世界，背后是生动的祖国。

中国的万里海疆，从未像今天这样信心满满地迎来旭日，送走霞光。洞头渔民们扬帆起航的时候，那场面真让你昂扬。请想象肯尼亚大草原上乌云般涌动的角马群，请想象法国大导演雅克·贝汉的影片《海洋》中那电光流转一样的巨大鱼群，请想象国庆大阅兵那一眼望不到边的威武之师······就这样，他们出发了。

当一艘艘插着夺目的五星红旗、箭镞一样发射而出的渔轮驶离之际，除了面对妻儿父母千年凝固的不舍面容，他们的手机、电脑、微信里，早已满满地收到来自祖国公安、海防、消防、检疫、卫生以及各级政府的叮咛与祝福。不再断肠，涛声朗朗，大海的心情也越发桃李，表情越发芙蓉……只有 9 万常住人口的小小温州洞头县，现在已是中国浙江省的第二大渔场，负责全国上亿餐桌上鱼鲜蟹肥的海鲜呢！

你可以不知道温州，但不可以不知道洞头——因为面对着横亘了亿万年的东海，前面是三千年前的夏风商韵，背后是大数据时代的奇幻现实。

你肯定不知道，在中国的三大名楼——黄鹤楼、岳阳楼、滕王阁之后，还排列着九大名楼，矗立在洞头烟墩山上的望海楼位列其中。置身小小洞头岛，何以赢得这么大名声？乃此楼年资甚高，早在公元 434 年的南北朝时期，就由永嘉郡守颜延之建起来，时获"气吞吴越三千里，名冠东南第一楼"美名。以后，随着烈烈岁月的兴衰更替，特别是明清两代的两度海禁，望海楼曾数度呜咽，倾圮废弃，又几次恢复心跳，维修重生；终于，在 21 世纪初中国民安国富之际，又一次巍巍然拔地而起，成为我国东南沿海的地标性建筑。

抬望眼，坐落在雕栏玉砌中的洞头望海楼，秉承了中华建筑最高端的美学精神：方座，塔形，大屋顶，飞檐角，雕梁画栋，直插海天。与众不同的，除了巍巍乎高哉，还特别的强壮健硕，其宽度厚度几乎四倍于别处的关楼，仿佛将北京正阳门的庄严雄伟、西安大雁塔的古拙悠远、甘肃嘉峪关的不怒自威、西藏布达拉宫的外奇内崛深厚合四为一了。更让我啧啧赞叹的是，走进恢弘楼门，迎面而来的，不是供人膜拜的高大神像、佛像，而是一座立足于洞头民生的海洋文化博物馆。

从一层到四层，博物馆用图片、实物、模型、LED屏、声、光、电……将洞头百姓的猎渔、耕海、农事、生活、习俗、节庆、餐饮、娱乐、婚丧嫁娶、歌吟弹唱、民间艺术……一一演绎得声情并茂。我在心里一遍又一遍感叹：小小洞头，无限江山！

你可以不知道温州，但不可以不知道洞头——因为面对着浪涛灼灼的东海，前面是万丈深渊，背后是坚实的大地。

这是我第三次来洞头。犹记得2006年暮春，曾在洞头住过一晚，彻夜心惊，不敢安眠，是因为谁说了一句"今晚可别来台风，不然明天就回不去了"！当时，连接洞头岛与大陆的桥还未建起，我们是乘着风浪上岛的，有人吐得一派歪瓜裂枣……而就在我们离去一个月后，洞头人民自发捐款、齐心修造的五座跨海大桥一水儿开通了，宛若世世代代梦中企盼的霓虹彩带，"从头到尾，将心萦系，穿过一条丝"。（宋·无名氏《九张机》）

此番再来洞头，只一忽儿，汽车已驶过霓屿岛—元觉岛—花岗岛—三盘岛—洞头岛。5座桥串联起来的岛屿，全然改变了洞头的命运。身后，不动声色地甩下了一间间酒店、一群群公寓、一座座停车场和汽车维修站……

不知是何联想，我心中浮现出宋·柳永的著名词篇《望海潮》："东南形胜，三吴都会，钱塘自古繁华……"当年，柳永"望"的并不是海，而是钱塘江，他的视野是向内的，自满自足的眼界里皆是杭州的美景与奢华。而今，我则更骄傲地站在洞头的山巅，极目远望——是大海，是天空，是宇宙，是古往今来，是家国情怀，是人类未来。波腾浪涌间，云起云飞处，但见海之魂，云之火，梦之思，心之恋……人生际遇种种，历史蹉跎岁月，比海洋更大的天空，比天空更大的人的内心世界，一起涌上胸膛。亦拙仿柳词，也来填一首《望海潮》：

东方望远，波涛深处，洞头万顷碧花。三千岁月，两度海禁，繁衍三万人家，金岸卧白沙，半屏听浪鼓，三盘鱼虾。鸥歌嘹亮，珍珠万点，蓝天下。

往事飞丹流霞，曾登岛蒋特，如今哈哈。春往耕海，秋来渔事，冬夏满船光华。万众登高崖，创业写历史，千秋佳话。多情青山斜阳，惊艳新数码。

（注：金海岸、半屏山、三盘岛皆洞头地名。）

你可以不知道温州，但不可以不知道洞头——因为早有诗人海子，吟出了"面朝大海，春暖花开"。

其实谁人不识温州？"敢为天下先"的温州精神，曾被几位温州奇女子演绎得威武雄壮：她们在伊拉克战火尚未完全熄灭之际，就勇毅地闯了进去，在语言不通、枪弹纷飞的危恶环境中，成功地开辟出了商机。她们那纤细而顽韧的身影，让我永远对温州充满了崇敬。

洞头是温州最前哨。每当东方第一缕曙光轰轰烈烈照射在这一片海域上，立即，就像火娘舞到了油海里，"哗——"地一下，将洞头金子般的内质点燃，激荡出一幅气象万千的《红日煮海图》。

海可煮。海可耕。海可写。海可歌吟。海可传诵。

在所有关于薪火的记忆里，大海负责任地留下了一部文明发展史。

小小洞头是其中的一朵奇葩。

（韩小蕙，女，光明日报领衔编辑（副局级），

中国作协全国委员会委员，中国散文学会副会长。）

向海突围

赵　越

一

洞头，是温州从"瓯江时代"向"东海时代"突围的第一道门户，若论洞头，先品温州。

出发的时候，我们一行人对温州的省份归属问题产生了恍惑。在地理上，温州属于浙江；在心理上，温州却与浙江的整体风格相去甚远。

我心目中的浙江，是西子湖畔的名人遗迹，是会稽山阴的少长咸集，一支湖笔写尽天下风流文采，一篇文章开启千年文士雅集。浙江是读书人的浙江，杭州的平湖秋月是浙江、绍兴的兰亭集序是浙江、湖州的千年湖颖是浙江、宁波的天一书阁是浙江。在浙北繁华富庶、诗书润泽之时，温州在哪里？人们不得而知。

改革开放三十年，让温州人从浙南的一个角落里杀将出来，带着民营经济的强悍个性，挺立于时代发展的前沿阵地。这一声厮杀，让诗书温润的浙江为之一惊，让国营经济遍天下的中国为之一振。

从男士的打火机，到女人的高跟鞋，衣履行止、吃穿用度，温州人在每一个生活细微处寻求商机，把经济触角延伸到了世界的每一个角落。温州人活泼的生命力甚至挑动了大洋彼岸的神经，欧盟就曾以"倾销打火机"的罪名问责温州。从另一个角度看，却也证实了温州人以小商品闯大世界的生命势能。

在飞抵温州的二个多小时里，我心中对这个个性强劲的城市充满了好奇和敬意。

二

飞机终于降落在永强机场，室外温暖的气候，让我们这些穿着冬衣而来的北方人互相打趣一番。换了轻便的装束，便走进了温州的深处。坦率地讲，温州是一个充满现代化气息却严重缺乏美感的城市——道路两旁草木蒙尘，一栋栋高楼平铺直叙地排

将过去，街角空白处几乎看不到雕塑的点染。以"温州模式"创造的经济让人惊叹，以"温州模式"建设的城市却令人兴叹。也许这正是源于商业人格中，偏重实用主义，忽略审美主义的弱点吧。

30年前（1984年），温州跻身于我国第一批对外开放的14个沿海城市之列，从此高速运转，日展新颜；30年后，遭遇瓶颈的温州人从"瓯江时代"跨入"东海时代"，寻找海洋的蕴藏和文化的新生。而洞头，正是温州人转身向海的第一块试金石。

从温州到洞头的行程是奇异的。洞头是全国14个海岛县之一，因县域内百岛相望，又被称为"百岛之县"。其中心所在为洞头本岛，便是我们此行的目的地。

此前赴岛考察，总需乘舟跨海，带着这样的思维惯性，我便在车上探问码头的远近。谁知当地接待者回头一笑，说："从温州到洞头不需乘船！一路走过去你就知道了。"

这是一条怎样的道路啊！从瓯江入海口一路向东，逢海架桥、上岛铺路、遇滩建堤，桥、路、堤将小岛连缀，把海洋打通，直奔洞头本岛！

从温州出发，至龙湾扶贫开发区，经灵昆大桥驶入灵昆岛；在灵昆岛上穿行七八公里，驶上目前全国最长的跨海连岛大堤——灵霓北堤；于堤上漫行14.5公里后，进入霓屿岛。

从此便进入了被当代诗人舒婷称为"七弦琴"的"七桥连八岛"了。七座桥梁将没有常住居民的3个小岛和有常住居民的5个岛屿连缀起来——从霓屿岛经浅门大桥，上浅门山岛；过窄门大桥上深门山岛；入深门大桥，上状元岛；途经状元岙深水港区，驶入状元大桥，上中屿岛；走花岗大桥，上花岗岛；再通过七桥中最长的洞头大桥，上三盘岛；最后凭三盘大桥直抵终点"洞头本岛"。

看这里，大家可能已经眩晕了。事实上，我也是费了好一番工夫，才把这一路"岛与桥的接力"厘辨分明——书写与阅读尚且艰难，更何况洞头人当年重整山河的决心和能力!

据当地引导者介绍，"七桥连八岛"工程早于灵霓北堤的建设，于1996年12月开始动工。当时洞头县全年的财政收入仅有3660万元，而工程总投资却需要3亿元。为了早日突破岛际交通困难对洞头发展的制约，县委决策，号召全县捐资造桥。于是，全县机关干部连续三年，每人每年捐献一个月的工资；岛上的老人捐出了珍藏多年的结婚戒指；从洞头走出的青年企业家，万里返乡捐出30万元；一个参加过解放洞头战斗的老战士千里传书："钱比大海一滴水，不要为我查姓名。只盼陆岛早连成，我带儿孙赏美景。"昔日的心手相连，造就了今日的陆岛相通。

一路上，时而堤外滩涂漫漫、时而桥下碧海滟滟、时而岛上阡陌相连、时而山中迂回盘旋。车窗外，蛏田联袂、紫菜接天。状元岙深水港巨轮相望，沟通着来自日本和东南亚的集装箱；花岗渔村古拙朴鲁，至今仍保持着积石垒屋、以石镇瓦的原始状貌。更何况，从温州到洞头，这条路本身就是一部海上堤、路、桥的露天展览馆。

一路行进，一路惊叹——这是一次史无前例的海岛之行，以车代船，凭路安澜。没有海波摇荡，没有目眩头昏，已畅观诸岛，尽揽奇风。

三

洞头因位于"海洞之头"而得名，这个缺乏浪漫色彩的名字，却因余光中的点睛之笔"洞天福地，从此开头"而神采奕奕。

进入洞头本岛，岛内文化标志望海楼便在不远处了。据说天朗气清之日，登上此楼最高处，可将县内百岛尽收一望之中。虽逢海雾迷蒙的初冬季节，我们还是抱着尝试的心情直奔望海楼而去。

除台湾、海南、崇明这三大岛屿之外，中国沿海小岛鲜有文人垂顾，相形之下，洞头堪称其中的幸运者。眼前的望海楼便人文悠远，颇有来历。

1500多年前，正是南朝刘宋时期，魏晋名士遗风尚劲。有"颜谢"之称的颜延之、谢灵运二人文章之美，冠绝当时。谢灵运把目光凝聚在雁荡山，而颜延之则把脚步延伸到了洞头岛。公元434年，时任永嘉郡太守的颜延之乘船巡察洞头诸岛时，心意留连，命人在青岙山建望海亭，以观海听涛——这便是今日望海楼的渊源了。

400年后到了唐代，洞头被划入温州府乐成县，温州刺史张又新探访先人遗泽，只见波涛如旧而楼馆无存，心生叹惋，便吟出："灵海泓澄匪翠峰，昔贤心赏已成空。今朝亭馆无遗制，积水沧浪一望中。"正是这首被收录到《全唐诗》的作品，让"望海亭"之佳话得以流传。

2005年1月，时隔1500余年，望海楼在洞头本岛西北海拔227米的烟墩山重建。

今日的望海楼，已辟为洞头县的人文历史展馆，从渔家人耕海牧渔的生活习俗，到海岛上引以为傲的非遗项目。岛间奇俗，让自幼生活在内陆城市的我步步惊叹。

这样一边观展一边登楼，我们已来到了望海楼顶层的遥望台上，百岛被沉沉暮色所掩，仅见远处有山海相偎，脚下一大片地正在平整土石，似有工程将近。楼顶海风甚劲，清人戴文俊诗句在耳边回响："天风振袂上危亭，蜃市初消海气清；日暮云中君不至，高歌独有老龙听"。

正当我叹惋温州缺乏文化内涵的时候，温州便捧出了一个沉甸甸的洞头。作为一个小小的海岛县，洞头竟牵动了中国几代文人的衣襟，凭海相望，不能释怀。她左挽东瓯韵致，右牵闽南风情，在东海上展现出一派别样的文化风貌。

一个内向的时代是收缩的，一个外向的时代是舒展的。如今"外载海洋，内资三江"（即瓯江、鳌江、飞云江）的洞头本岛，经路、桥、堤的通达已成为真正意义上的陆连岛，彻底击碎了制约海岛发展的交通瓶颈，成为温州人转身向海的第一门户。

内陆为腹肌，岛屿为股肱，腹肌强健，股肱才能力拔千钧。曾创造中国民营经济奇迹的温州人能否打赢向海突围的攻坚战？洞头深厚的文化积存能否对温州城区形成有效的反哺功能？著名诗人余光中"洞天福地，从此开头"的美好预言能否在这里真正实现？

夜宿洞头，海风呼啸，仿佛温州人向海突围的号角。

后事如何？十年之后，我们再约洞头。

（赵越，辽宁省作家协会会员。）

望海楼记

吴 军

望海楼，历史久远，建于南朝刘宋元嘉年间，时任温州太守的文学家颜延之，莅洞头巡视，为诸岛美景所醉，于是下令在此建楼，供世人望海兴叹！后为风雨所摧，早已不存，距今已越 1500 年。唐温州刺史诗人张又新，踏先贤路，寻遗迹无着，怅然而返，故在全唐诗中，留下了"今朝亭馆无遗制，积水沧浪一望中"那一份遗憾。但这标志性建筑，并未因岁月的流失而淡忘，它载于典籍，依旧扎根在人们的心田，登楼以观沧海，乃民之所愿。

洞头县委县政府顺应民意，着眼发展，毅然决定重建。这需要气魄和胆识，需要雄厚的人力、物力、财力资源。要建就要跻身于中国名楼之列，要建就得请名家指点。于是邀滕王阁重建之总设计师，精心设计；令巧匠能工，日追夜赶。址造何处？在洞头本岛海拔最高，可仰望天象，环视全岛，曾是设防重地的烟墩山。从 2005 年 1 月 27 日到 2007 年 6 月 7 日，历经近九百个日日夜夜，这座建筑面积 2700 平方米的主楼，毫无愧色地矗立在世人面前！楼明三暗五，坐北朝南，登楼可领略海洋民俗文化，凭高能将全岛美景尽收眼帘。兴之所至，可仰天长啸；欲留佳作，任临海挥翰。登斯楼者，均会留下深刻的印象，概言之，也许就是四个大字：洋洋大观！

在主楼建成后 21 天。由 150 人组成的浙江诗联家采风团，轻车直趋烟墩山。远望：上出云霄，飞丹滴翠，恢弘庄严，气吞瓯越三千里，言之不虚；近看：下临无地，雕梁画栋，古色古香，名冠东南第一楼，神采焕然。正如松涛所赞：蹑屐仰层楼，岂流丹耸碧，云敛烟霏，尤溯太守经营，骚人慨叹；凭轩俯诸岛，但郁霭蒸霞，星垂月涌，当歌洞头魅力，海曲新颜。我心想，洞头人好气派，坐看风云起，指点浪滔天，风骚独占！

乘兴登上高层，环顾四面八方，不禁令我浮想联翩！

东海，大美无言。如果有幸能看到，白云将山腰横断，赤日从海面斜穿，浪花似火，海水湛蓝，好运气观赏了沧海首幅大写意，会让你感到精神振奋，喜庆福缘。倘坐观海上潮涨潮退，那汪洋恣肆；细品山间花落花开，那顺乎自然，这沧海奉献的应时画面，由审美所带来的愉悦，会始终与你作伴。就是晚霞夕照、落日镕金所呈现的那一片灿烂，也不会使你产生可惜近黄昏之感，它只是夜幕降临的序言，引导你继续观瞻的是，皓月当空，星海闪闪。大海以其奔腾不息的气势，十分珍惜地度过年年月月；它又以江海行地的方式，来见证日月经天！

潮涨成岛，潮落见山，洞头 302 个岛屿，在沧海占有重要一席，展示了它的晶莹、鲜活、美丽、璀璨。天成的自然美景，群峰雾列，如仙叠岩、南炮台和半屏诸山；地设的人文景观，俊采星驰，似中普陀、海霞军事主题公园和纪念馆。丰富的海上资源，使商贾云集；冬暖夏凉的福地，又令人流连。清人王步霄有诗云："苍江几度变桑田，海外桃源别有天。云满碧山花满谷，此间小住亦神仙。"从旅游角度来看，这是绝妙的广告辞，以文学眼光审视，乃触景生情，信手拈来的佳篇。

其实大海也是一门学问，各界均有自己的观点。佛家认为，苦海无边，回头是岸，海与苦不分；儒家则说，道不行，乘桴浮于海，海又与难结缘。世人则与之相反，他们坦言：福如东海，寿比南山，这海恰好与福寿相连。我喜欢大海，因为它宽阔、浩瀚、动地、惊天。我赞赏它风平浪静，我乐听它惊涛裂岸，我称道它宽厚多情，我理解它浪涛怒卷。狂风掀起巨浪，威力巨大，但并非无限。浪再高，也无法掩盖其腹地的高山，在其屡败屡战的地方，出现了闪闪明珠般的海岛；浪再大，也不能恣意泛滥，在其迭冲迭挫的所在，出现了防守有备、自由伸展的海岸；浪再宽，也难以征服金沙银沙，在其捉襟见肘的肩上，就系上了飘动丝巾似的海滩。

拂去历史的尘埃，在潮落之后，出现了脚印串串。人们似乎看到了戚继光的抗倭劲旅；似乎看到了滩头水际弥漫的硝烟；似乎看到了观潮峰上胜利红旗迎风飘荡，似乎唤醒了为国捐躯的英魂，正在倾诉他们未尽的遗愿。多情的洞头人，总不忘每年清明，去祭扫烈士陵园，重读毛主席所书"革命烈士永垂不朽"的题字，默念郭老所撰"海岛蔚风云，革命高潮净涤腥膻光禹甸；瓯江流日夜，英雄碧血长垂典范在人间"的名联。真道是：有钱难买回头看。

盛暑登楼，感慨万千。清新的空气，渗我肺腑；劲吹的凉风，透我衣衫。顿使我感到物我两忘，心定神闲。天海合一，眼前苍茫辽阔；海楼相映，尽展雄伟壮观；人楼紧依，随生心高志远。我情不自禁，奋笔疾书《望海潮》词一阕，以表达所思所感。

凭高环眺，群山星列，连空碧水漫漫。精卫解填，腾蛟可驭，霓灵握手言欢。堤展破重峦。劈波凿山事，历尽辛艰，五彩缤纷，伴随车水泻安澜。

而今未下征鞍。见桥通诸屿，楼矗三盘。坛建佛来，港成贾聚，高招造就金滩。涛拍绿城垣。借此风云会，再赏奇观。撷取无穷憧憬，尤觉海天宽。

尽兴而归，竭诚送上我赞美之言：魅力洞头，一路高歌；创新洞头，力着先鞭；和谐洞头，心齐气顺；活力洞头，风光无限！

（吴军，浙江省作家协会原副主席。）

积水沧浪一望中

施立松

一

在东海之滨百岛洞头，你无法忽略雄踞在本岛最高处，葱郁而秀丽的山顶上，那一座古朴典雅、端庄秀丽的望海楼，因为你一进入洞头地界，他就会时时出现在你不经意的仰俯间和随意流转的眼角余辉里。这是一处地标似的建筑，走近他，就是走进一段历史，走进一方文化。

探访望海楼，是需要些人文底气和渔海情怀的。

望海楼所在的烟墩山，是洞头本岛最高的山，海拔仅 270 米。以车代步，座位还未焐热，人就靠近了他。如体力尚可，从盘旋而上的山道，信步走去，三四十分钟，便可来到望海楼脚下。山蜿蜒入海，海不澎湃，山也不峻峭，却分明又有着些许李白的醉意、陶潜的菊香裹卷盘旋。容身衰草茂树间，呼吸着满含绿意的空气，心头荡漾起清冽和悠然，便像怀揣一壶本地产"船老大"米酒，心底顾自酿了几许醇香。穿行在石头房屋鳞次栉比的小村落，不时被渔乡独特的闽越风情绊住脚步，又一次次陶醉在绵软亲切的闽南乡音里。

拾级而上，但见一座牌坊式的山门，琉璃彩绘，飞檐斗拱，古朴雅致，正中间"百岛一望"四个金色大字，灵动飞扬。百岛一望，望什么？望东海万顷碧波，望百岛秀美风光？还是唐代温州刺史、著名诗人张又新追寻洞头望海楼无果而作的诗"积水沧浪一望中"？又或者，望海楼，就是世人向百岛张望的一扇窗，百岛人望向历史的一面镜？两旁门柱上镶嵌着用青灰色大理石凿刻的一幅对联，像给了我一个解释，"一海放千帆，美景难收，为有朝霞托日起；四时妆百岛，良辰未尽，更留明月待潮生"，墨意满满，大气磅礴，让人在恣意挥洒的墨迹之间通体舒泰，使得凡胎肉身有了走向高贵雅致的可能。

二

踏进山门，便与一手执书卷、须眉飘飘、衣袂翩然的老者不期而遇。颜延之，这位生活在南北朝的太守而兼诗人，望海楼是他写在天地间最秀雅的诗句吧？我忽然有些迫不及待了，我想赏读那诗中的意韵，句中的平仄，那会是诗人胸臆间怎样的豪迈和放达？疾步穿过龙飞凤舞的影刻长廊，匆匆走过精致的亭台楼榭，"诗句"便赫然入目。

这"诗句"是凝固的音乐，是雄浑的交响。三十余米的楼面不算高壮，却足够肃雅端庄，明三暗五的设计虽不新颖，却古风悠远、古韵绵长，崭新的楼体虽漆新色鲜，却传递着千余年前的明朗旷达、疏狂潇洒。山不魁梧，楼却伟岸，更有瓦蓝高远的天空衬映，有万顷碧波烘托，一种傲然的气势呼之欲出。远处七桥雄据，五岛连峙，一曲天堑变通途的渔歌山谣，闲闲唱来，却彰显出渔乡人不平凡的气度。难怪，连檐角上安稳静坐的小兽也安然雄峙，仿佛沾染了十足的傲气。

这"诗句"是历史的载体，是文化的意象。楼内，海洋文化与海岛民俗展厅，汇聚了百岛风情和渔乡历史的精粹。质朴的石头房子和狭长的巷道，让人恍若步入某个港口渔村，织网的渔妇大嫂随时会起身为你斟一盏渔乡米酒，出海的渔歌号子，那粗犷的余音仿佛还飘荡在耳边，而晒得焦黄的鱼干鳗鲞，已让人忍不住直咽口水。更有那独特的洞头海岛民俗八大巧，"木船用火烤，驾舟靠双脚，纸灯浪上漂，动物满船跑，鸡鸭桌上叫，熟饭用粉包，猫耳朵下水煮，美人儿任你咬"，让人醉心于渔乡文化之余，又不禁为渔人的幽默和智慧莞尔。

这"诗句"是舒展的画册，是流动的卷轴。漫步观光回廊，凉风扑面，心旷神怡。凭栏西眺，海天一色，绿岛如棋，长堤似练，10万吨级的状元岙深水港隐约在薄雾里；倚柱东望，半屏山遥遥相对，隐约的浪溢堤岸的轰响与渔舟行进的动感极其合拍；近

处杜鹃红遍，山色如染，几多村落点缀其间，瓦房悄然，一种与世无争的宁静让人动容；耳畔，有蝉歌虫谣，轻一声，重一声，淡淡寡寡，又绵绵长长。

高天流云，碧海扬帆，思绪便随之漫延，在潮起潮落间，跳跃成一枚枚晶莹的浪花——

屈指细数，总该有一千五百年了吧，星转斗移间，曾经有过多少位骏发昂扬的侠隐文豪，躲在这山清海静的望海楼台上，做着纵横四海的大梦。但凡胸怀天下的仁人志士，总不甘心只写几首好诗，在江湖上扬名立万，便绝意此生，他们更想阑干拍遍，登高一呼。

三

于是颜延之立了头功。

这位与谢灵运齐名的文学大家还是慧眼独具的。公元434年，永嘉太守颜延之巡视温州沿海，对秀山美水的洞头流连忘返，他特意在岛上建楼，以观海景，名曰望海。文人筑楼，蕴含更多理性的浪漫和诗意的优雅。公务之余，颜延之便手握书卷盘恒其中，超脱淡泊，他的灵魂中会升腾起一种悠远而和谐的宁静，进思修身齐家，退思安邦治国，极尽风雅。原来，最得意的消遣便是这般儒意的山水相望，鸡犬相闻了。但时间剥蚀，人文更替，当历史的厚重感被时间揉撮得弹指可破的时候，那些蓄谋已久的寂灭和苍凉便占了上风，于是，亭颓榭废，一座楼，在朗月清风之下，又能挺得过多少未尽的气数？

四百余年后，唐代宝历年间，状元诗人温州刺史张又新故迹重游，人去亭毁，只见灵海翠峰，积水沧浪，诗人无比感慨，"灵海泓澄匝翠峰，昔贤心赏已成空。今朝亭馆无遗制，积水沧浪一望中。"一首七绝道尽了人世沧桑，时光消磨。

草芜茎长，石零瓦落，一切摧残和销毁都具体得触目惊心。一座楼的倒掉似乎引不来世人多少好奇的眼光，那些衣衫草草的行者依旧来去匆匆，他们解缆问桨，几杯酒，

175

一首诗，发思古幽情，然后，买棹而去，再不回头。因为他们知道，建筑不仅有表情，也有思想与惆怅，"千古江山，英雄无觅，风流总被雨打风吹去。"任是谁也无法抵挡一枚小小的秒针，天朝更替，景致荣衰，时间掌指轻挥便纷纷败退溃不成军，于是，坍塌在地的昔时伟岸，便就是当年雄浑威武屹然不朽的建筑的后英雄时代么？似乎没有人能从永恒的本意上真正说得清，倒是史学家们从尘埃遍布的史书竹简中细细挑拣，才多少有些模样可以理顺得像是本交代得通的时间简史。

时间永远像烧不尽的野草，一轮疯长之后便可以淹没众生，何况一处破败得鸟栖燕筑的景致！当年丰满巍峨的楼宇是英雄气，那么后来的残砖剩瓦便是寂寞感了，所谓历史传承，便如此地在残缺美中装订成册，让那些过眼风云在架上庄严肃立，案几生香。

四

重建望海楼，日历已撕到了二十一世纪。那么好吧，一座古色古香的楼，也可以现代化一回，面对青山绿水，梳洗打扮，盛装而出。

那么，以虔诚的心和执着的力，是不是就可以回望历史？凝视远眺之间，会不会不经意地与那些衫轻琴重的古人撞个满怀？如果可以，厚重的人格魅力便可以因一座楼的存在而变得炯炯有神，以生命的名义索回所有存在的价值。

讨海裤，蓑衣，木屐，当年的渔歌已远，亭刻已残，一座楼到底能与这远山近海对峙多久？轻舟与万重山总是逼面相逢，就像你我，在此刻横跨历史与未来，一脚踏出，便已是尘封的千年。晋唐远韵，山月照人，望海楼下的千年光色，历久弥新。当一座楼胆敢与时间对抗的当口，所有的登访者默默吟诵着那几首烂熟于胸的诗，心下便也因此豪情万丈了吧？对步履轻盈、行色端庄的游客而言，品味历史，他们有的是时间。

探访望海楼，原是需要勇敢心和朝圣感的，毕竟，敢与千年的积淀做最直白的触摸，需要一种完全自由的、精神上的独立力量和意识形态的皈依，并由此建立一个古今通

用的周转方式，用来上接过去，下启未来。望海楼以其高昂而谦和的姿态，担起了周转与承接，让所有前来探访的人，都在这个连接点上回眸和展望。

果戈里曾说："建筑是世界的年鉴，当歌曲和传说已经缄默，它还依旧诉说"。当众多城市在大兴土木中噩梦般丧失了自己的个性、文化特质和历史记忆，当人们纷纷叹息那些让人类在大地上诗意栖居、让文人墨客心醉神迷的建筑哪里去了的时候，作为百岛洞头地标似的建筑，望海楼正兴致勃勃地娓娓诉说着渔家人的纯朴情怀和诗人的深情吟咏："苍江几度变桑田，海外桃源别有天；云满碧山花满谷，此间小住亦神仙。"

（施立松，女，中国作家协会会员，中国散文学会会员）

百岛一望

庄明松

走上望海楼山门，牌坊上有四个字："百岛一望"，为韩美林所书。

百岛一望，你望见了什么？

一座塔楼，一个人物，塔楼叫望海楼，人物是颜延之。

1500多年前，颜延之任永嘉太守期间，曾来到洞头境内的大门岛，在岛上搭楼望海，并取了一个很有诗意的名字，叫望海楼。这个楼是什么样子，已无历史可考。400年后的唐代宝历年间，在温州任刺史的张又新心血来潮，追着颜延之的足迹来到洞头，想看看望海楼，但此时的望海楼早已无迹可寻，张刺史只好遗憾地说："灵海泓澄匝翠峰，昔贤心赏已成空。今朝亭馆无遗制，积水沧浪一望中"（《全唐诗》）。此后的1000多年中，人们早已把望海楼忘得一干二净，望海楼成了"忘海楼"。历史页码翻到二十一世纪的时候，望海楼突然以崭新的姿态出现在新的历史舞台上，成了洞头历史文化的窗口和百岛旅游第一景，并以其悠久的历史、雄伟的建筑和浓郁的海洋民俗气息，跻身于全国历史文化名楼之列，被誉为"东南第一楼"。

颜延之，南朝（宋）颇有名气的文学家、诗人，与谢灵运并称"颜谢"，加上鲍照，被称为"元嘉三大家"，可见他的文学地位。但是，他的作品质量远远比不上谢灵运，尤其是山水诗，钟嵘在《诗品》中用"喜用古事，弥见拘束"来评价他，已经是很客气的了。他的诗较为人们所称道的是《五君咏》，借竹林七贤中的阮籍、嵇康等五位古人来抒发自己的不平，可读来读去很涩口，诗的味道不浓。他与陶渊明交情甚笃，怎么就没向陶渊明学到一招半式呢？

从望海楼的景区入口，擦身经过颜延之塑像，是一处书法碑廊，碑刻上的书法水平如何不好说，见仁见智，但其中现代人写的诗词，不客气地说，有的要比颜延之的诗好许多。让人纳闷的还有，既然他是那么有名的诗人，在建望海楼的时候，怎么就没见他留下一字半句呢？

百岛一望，望见了历史已淡淡远去，望见了现实正姗姗走来。

一方水土，一方风情，水土是百岛之县洞头，风情是海洋民俗文化。

站在望海楼上，看到的是一幕幕旖旎的风光。洞头是个海岛之县，有大大小小的岛 302 个，按照过去的说法是 103 个，所以叫"百岛之县"。望海楼位于洞头本岛的烟墩山上，海拔 227 米，是本岛的最高峰。在望海楼五楼的观景廊走上一圈，顿让人视野开阔心旷神怡起来。辽远的海面碧蓝千顷，一览无余，大小岛屿星罗棋布，尽收眼底。海是一块平展的画布，岛屿便是画画上的斑斑色彩，站在望海楼上，信手一挥，手中仿佛拿着一根画笔，在画布上尽情想象，随心驰骋，把岛屿画成生命的跳动，把大海画成圣洁的母亲。海像一片蓝色的草原，岛屿就是原野上的羊群，你站在望海楼上，随手一摇，手中仿佛握着一条鞭子，在羊群的上空轻轻一甩，浪花成了羊身上的绒毛，海风就是最优美的牧羊曲。

走进望海楼中，看到的是一幅幅独特的民俗。望海楼的主楼实际上是展厅，所展

的是有关海洋民俗文化的内容，有生产的、有生活的、有物质的、有精神的，有些东西已经成了国家级非物质文化遗产。鱼灯、马灯、鸟灯、水灯、孔明灯；舢板、涂橇、白底、乌艚、机帆船；鱼虾贝蟹藻等海洋生物；吃穿住行用等生活用具，比比皆是，目不暇接。其中民俗八大巧、百岛十二鲜、妈祖祭典、七夕风情等等，是洞头最有特色最有渔乡风味的民俗文化品牌。配置了先进光电展示手段的七夕风情节，把游客带进了活灵活现的渔家小院，带进了成人礼典仪式的情节里，带进了牛郎织牛凄美的爱情故事中。百岛十二鲜盘盘含珠凝翠，形象逼真，色香味仿佛要夺窗而出扑面而来，把人的目光、胃口吊到极高的位置，大有一饱口福饕餮而归的欲望。走在望海楼里，就是走在了原汁原味的渔家风情中。

百岛一望，望见了心旷神怡的自然风景，望见了琳琅满目的文化大餐。

一份现实，一份憧憬，现实让你对人生充满热情，憧憬让你的梦想尽情放飞。

从望海楼出来，你的行程还未结束，你的思路还在继续。请不要抬脚就走，让你的身影匆匆离去，请不要大声喧叫，以破坏你此时的心情。你可以随心信步，到旁边的凉亭里坐一坐，凉亭有同辉亭、泓澄亭、心赏亭，听一听名字就让你不忍心离去，因为在这里可以看见一泓碧水天蓝澄清的辽阔；可以看见日升月落日月同辉的奇景，可以得到赏心悦目驰骋身心的感觉；你还可以在望海楼周围徜徉漫步，畅想一下它四周的故事，北部是富饶美丽的乐清湾，西北是日新月异的温州城，南面是耕海牧鱼蕴育生活的蓝色土地，东方是朝阳升起通向幸福的美好未来。环视一圈之后，你就会觉得自己的心是热的，自己的情是热的，自己对生活的定位、对生命的阐释也是热的。

百岛一望，望见了如诗如画的今日，望见了如歌如舞的明天。

离开望海楼的山门，再回首，"百岛一望"四字突然闪光起来。它，是回望，是眼望，更是希望。

（庄明松，浙江省作家协会会员）

现代诗歌

2014 年，时值温州望海楼建楼 1580 周年。为了纪念建楼的著名诗人、南朝温州太守颜延之，洞头举办了"海的呼唤，走进洞头"望海楼杯全国海洋诗歌大赛。赛事由浙江省作家协会、洞头县委宣传部主办，县旅委、县文联、县诗歌协会承办。大赛历时五个月，共收到 1000 多首诗歌作品，其中 90% 来自外省。经省作协特邀评委初评、复评及终评，评出等次，随后举办了诗歌大赛颁奖仪式和优秀作品吟诵会。

下面选登的是部分获奖作品。

百岛望海

浙江萧山　陈于晓

要站在 302 个中哪一个岛屿的肩上
要乘在洞头哪一片悠悠白云之上
我才可以将海拔 227 米的烟墩山
将高 35.4 米的望海楼，轻轻揽入怀中
或者将高天上的流云
碧海上的船帆，捎给望海楼上的眼睛

有些海风从远古吹来。当年是谁在
苍茫大海之上，置下一座玉盘
将 302 颗大明珠小明珠播于波涛之上
生长出北岙、东屏、元觉、霓屿、大门和鹿西
生长出羊栖菜、紫菜、穿梭的船只与鱼群

生长出劳动、爱情、渔场、《海岛女民兵》

生长出妈祖、观音、闽南话、吴语东瓯

生长出龙灯、鱼灯、水灯和下水煮的猫耳朵

生长出望海楼和四面八方来洞头望海的人

洞天福地，在东经 120° 59′ 45″ — 121° 15′ 58″

北纬 27° 41′ 19″ — 28° 01′ 10″ 之间开头

洞头之梦，也从此开头。洞头之梦

也是广袤大海之梦。望海楼，是洞头的灯塔么

现在，海潮来了

请借我一对翅膀，我要高高地擎着望海楼

在浩浩的水云间，自在地飞翔

辽阔之上：洞头望海楼

山西朔州　王文海

能认出历史的，本身就是际遇；能留住历史的，本身就是历史；
能再现历史的，本身就是奇迹。

——题记

一

有许多事物拒绝出声，藏身于俗世

但金色的质地却被阳光朗诵

它们将功名简化为一种自在

可内涵的气质遮不住非凡的气概

洪浩大海翻腾不息烘托日月

风萧萧兮上高楼，苍云千里共茫然

拨尽风尘，南北朝时铸就的雄姿伟岸

1500 年的眺望呵，河山成为了你的侧面

二

允许你比我的暮色更淡然一些

在登楼之前，我库存了所有唐代的闪电

衣袂飘然，那朵白日更像邻家的水仙

大海来风，汪洋之处何尝不是另外的婉转

"灵海泓澄匝翠峰，昔贤心赏已成空。"

其实高于浮云的仰望总是低于心头的呼唤

你背影清瘦，如狼毫倒悬

立于高楼仰望天地，天地小于你的一声感叹

三

"今日满栏开似雪，一生辜负看花心"

我怀想登上此楼的人，都是灵魂出家的人

大海、高楼、远山，唯有乡愁细细碎碎

正一点一点咀嚼着你的月色还有露珠

今朝亭馆无遗制，积水沧浪一望中

此刻，孤独更像一个不带偏旁的错别字

渔港无帆，而星斗漫天

在灯火的那边，半屏山掩着笑面

四

静些,再静一些,你悄声地吟哦着

忧郁的眼神,藏在一首小令的后面

刚好暗淡到了天空的三分之一

这种韵味足够颠覆我所有的经验

白云不掩瓯江月,而被箫声遮掩的

是箫声自己,诗酒皆仙

禅意在钟声里入定,有时退回到尘埃里

我们才能理解空旷本身的含义

五

在寂静里转身,我爱上了这里的脱俗超群

我不想以风雨兼程的方式爱你

而是缓慢地以柔风的方式和细雨的方式来爱你

独在高楼,爱变得唠叨、细致而扎实

气吞吴越三千里,连我的小爱小恨

此刻都上升到了星辰的高度

因为风可以把我的信仰

撒成灰烬,也可以镌刻在苍穹

六

一海放千帆,四时妆百岛

浪涛每闪烁一次,磅礴就增加一分

望海楼,已虚拟成了无尚的气节和高度

因为她储藏着中国文人的高瞻远瞩

永嘉，洞头，因为你的想法

大海才有了她自己的模样

因为你在午后随意拢了拢头发

这个姿势倾斜了我的一生

七

退回到尘埃里，我们才能看清世界

站在哲学的侧面，是为了爬上更高的山巅

因为辽阔，也因为辽阔以外的事情

为此，我封存了许多看到的光线

当翅膀为我们完成了彼此的印证

沧桑才更接近于苍茫的本性

世间终将因此而含笑不语

我来了，望海楼从此才有了意义

登望海楼

辽宁锦州　徐东颜

要清空多大的心灵

才能装进如此浩瀚的亲切？

要风干多少海水

才能让头顶上的流云

放大爱的雷鸣？

这里因有了必须的力量

"洞天福地，从此开头"

这里因行走在时间之外

一些事物才坚守不变的节奏

让闪光的贝壳不再紧张

潮水不紧不慢地流淌

海鸥飞上飞下自由徜徉

波浪在原地等待阳光

游人们把胸襟膨胀

妙手偶得是在这个地方

海之梦（二首）

浙江宁波　白向东

登临望海楼

千年往事 皆付与沧海落日

万顷盛景 尽收于槛外凭栏

遥想永嘉太守颜延之

一颗诗心如何

为天地之大美折服

凡庸如我者 追先人之足迹

登临望海楼

也只为荡涤心中浊气

观略海与天

相搏 相拥 相依 相吻

造物主导演的宏大舞台剧

千万年不倦上演

大海是一部何其深奥的大书

沉舟里承载了多少妻儿的眺望

新帆中飞扬着多少弄潮儿的豪情

而因了望海楼 这座不灭的灯塔

多少游子 从此在骇浪里

有了精神坐标

聆听洞头

若不是 七条精美的项链

串起了波涛中的颗颗明珠

这个海上的洞天福地

或许 至今仍孤悬大陆之外

享受着自足与安宁

岁月悠悠 再回首已是千年

美丽洞头 是风情万种的情人

海瀚 山秀 滩美 礁奇

自颜太守一窥她的芳颜

她便一直痴痴等待

等待着大陆　拥她入怀

后世登岛之人　莫不因她心醉神迷

于是她　成了兵家必争地

多少刀光剑影　莫不为争夺

她舒展漫卷的蓝色裙裾

于是她　做了浙南会客厅

多少人到访瓯城

都是先来洞头　偷得半日闲

而热情好客的她

也有着自己瑰丽的梦：

她想让这里

成为浪漫的桃花源

吃住玩乐行　舒适轻松又惬意

让每一位到访的客人

都因她而流连忘归

她想让这里

岛岛有特色　各具新魅力

让来自四海的宾朋

发出由衷的欢呼　感受无尽的惊喜

洞头　曾经是养在深闺

淳朴可爱的渔家女

如今　出落得款款大方　楚楚动人

让四方游客 无不驻足细细聆听

聆听她浪花蔚蓝的梦幻

归帆点点的澎湃

聆听她海滩无声的守望

鱼儿欢愉的天籁

聆听她正在谱写的海之曲

正在孕育的海之梦……

在望海楼望海

江苏南京 杨骥

尘世里的目光是浅的

看不清远方

只有在浙东南 在洞头 在望海楼

望北边的一片海

才会惊讶自己的目光

也可以像一艘解缆启锚的船

越行越远

甲板上的海风去了又来

海鸥的白是另一种

飞溅的浪花

辽阔离两舷很近

触手可及

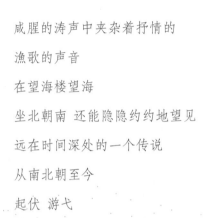

咸腥的涛声中夹杂着抒情的

渔歌的声音

在望海楼望海

坐北朝南 还能隐隐约约地望见

远在时间深处的一个传说

从南北朝至今

起伏 游弋

彩桥飞跨

最佳摄影发烧地

夜色阑珊

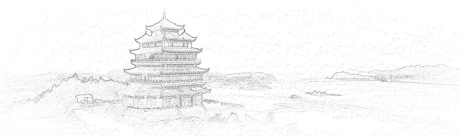

后记

今年适逢望海楼重建后正式开放 10 周年，中国文物学会历史文化名楼保护专业委员会第十二届年会暨名楼论坛，将选在洞头举办。双喜临门，谨献此书，聊以为贺。

作为洞头海洋文化的后学者和望海楼的守望者，我们历经楼阁从酝酿、重建到完善的全过程。20 年前，当我们提交望海楼重建的议案提案时，还未曾想象重建后楼阁的勃发英姿；12 年前，当望海楼在蒙蒙雨丝中破土动工时，对于跻身全国名楼之列还只是美好憧憬。五年来，我们与文化名楼的同仁们，为名楼文化的进一步弘扬相互切磋，受益良多；10 年间，10 万多人次的乡亲和百余万的海内外游客，登楼揽胜而流连忘返。我们欣慰地慨叹：谢啦，颜延之！爱你，望海楼！

千年古楼焕新彩，十载重建凝众智。我们试图通过本书，再现各级领导、各个部门在望海楼重建中显现的胆识、倾注的心血，记录望海楼设计、建设、管理者们筚路蓝缕的历程，袒露海岛旅游人弘扬地域文化着力推进旅游发展的心境。对于望海楼，我们只是匆匆的过客，能为她留存一份阶段性记载，是荣幸，更是责任。

　　本书在编写出版过程中，得到了名楼协会秘书处的关心，区委区政府的支持；分管旅游的区委常委、副区长张龙、区旅委主任赵秀娟的指导，区旅委及相关科室提供了资料，众多摄影家无偿贡献了佳作；文物出版社编辑付出辛勤劳动，在此一并表示衷心感谢！

　　囿于学识，浅陋不当之处，还望方家同仁赐示。

编著者

2017 年 6 月

百岛揽胜